KÄRNTEN KOCHT

13 DER ANGESAGTESTEN KOCHSTARS
AUS KÄRNTEN GEWÄHREN EINEN BLICK HINTER DIE KULISSEN
UND PRÄSENTIEREN IHRE IDEEN UND BESTEN REZEPTE.

DAS KLEINE RESTAURANT, DIE FORELLE,
FALKENSTEINER SCHLOSSHOTEL VELDEN, FRIERSS FEINES HAUS, GOURMETSTUBE
LINDENHOF, HOTEL SCHLOSS SEEFELS, HOTEL12, RESTAURANT BACHLER, RESTAURANT
OSCAR, SCHLOSSVILLA MIRALAGO, SEE RESTAURANT SAAG, SEEFISCHER, WEISSENSEERHOF

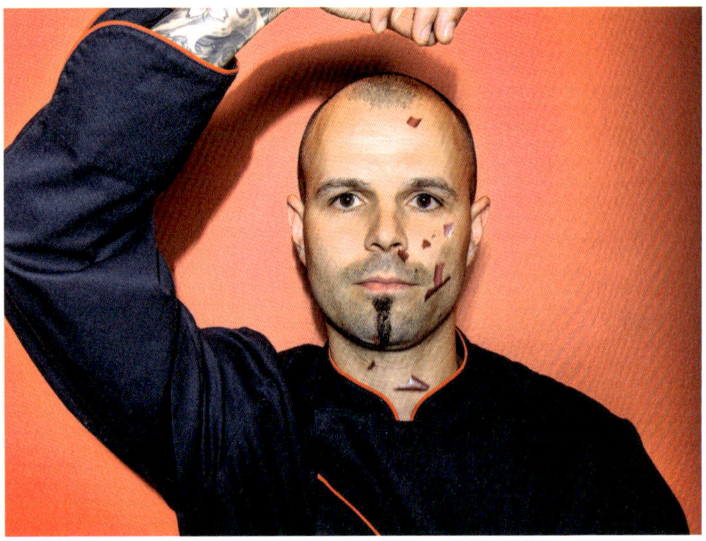

die forelle

Christian

FALKENSTEINER SCHLOSSHOTEL VELDEN –
Christian Silmbroth | 030

HOTEL SCHLOSS SEEFELS – Richard Hessl | 060

INHALT

J. Muchitsch

INHALT

WEISSENSEERHOF – Florian Klinger | 130

„KÄRNTEN KOCHT" – 152 SEITEN VOLLER GENUSS:
13 DER ANGESAGTESTEN KÖCHE AUS KÄRNTEN ÖFFNEN IHRE PERSÖNLICHEN REZEPTBÜCHER UND GEWÄHREN EINEN EXKLUSIVEN EINBLICK IN IHRE RESTAURANTS UND KÜCHEN.

13 RESTAURANTS 13 STARKÖCHE UND IHRE BESTEN REZEPTE

Das Land der 1000 Seen ist auch das Land der 1000 Genüsse. Kaum ein anderes Bundesland hat ein kulinarisches Erbe vorzuweisen, das so facettenreich und von unterschiedlichen geografischen Einflüssen geprägt ist wie Kärnten. Spitzenprodukte aus heimischen Wäldern und Seen werden an den Herden zwischen Lavanttal, Wörthersee, Mölltal und den Nockbergen mal klassisch, mal mediterran, jedenfalls aber immer mit einer ordentlichen Portion Kreativität und handwerklicher Perfektion zu Gerichten veredelt, die Gourmetherzen höherschlagen lassen. Grund genug für Autorin Stephanie Fuchs, den besten Köchen des Landes in ihren preisgekrönten Werkstätten über die Schulter zu schauen und den kulinarischen Botschaftern für „Kärnten kocht" ihre Küchengeheimnisse zu entlocken. Von Alpe-Adria-Fusion über Bio-Vital-Küche bis zu Cross-over-Heimatküche – was Kärnten abgesehen von spektakulärer Natur und einzigartigen Urlaubserlebnissen in puncto Kulinarik zu bieten hat, überrascht und bezaubert.

Mit der Kamera begleitet hat diesen spannenden Gourmet-Trip Fotograf Helge O. Sommer, der die Kreationen der Küchenhelden perfekt in Szene setzte. Das Ergebnis dieser außergewöhnlichen Reise: 39 meisterhafte Rezepte zum Schmökern, Nachkochen und Genießen, kreiert von 13 carinthischen Ausnahmeköchen. Tauchen Sie mit uns ein in das vielseitige Küchenuniversum Kärntens und entdecken Sie außergewöhnliche Rezepte von Kochgranden und aufstrebenden Shootingstars. Verständlich rezeptiert, einfach nachzukochen. Ob Sie den Protagonisten dieses Buchs einen Besuch abstatten oder selbst an die Töpfe gehen – wir wünschen Ihnen jedenfalls viel Spaß beim Nachkochen und Lesen.

Jürgen Pichler
Herausgeber

Katharina Wolschner
Chefredakteurin

JUGEND SCHÜTZT VOR GRANDEZZA NICHT: **JÜRGEN PERLINGER** ZÄHLT ZU DEN GRÖSSTEN KULINARISCHEN HOFFNUNGSTRÄGERN DES LANDES. IM **KLEINEN RESTAURANT** LÄDT ER SELBSTBEWUSST ZUR LUKULLISCHEN GRENZÜBERSCHREITUNG.

DER GRENZ GÄNGER

Beharrlichkeit und gesundes Selbstbewusstein: zwei Eigenschaften, die den Menschen Jürgen Perlinger auszeichnen und die dafür sorgen, dass in seinem „Kleinen Restaurant" ganz großes Küchenkino abläuft. Perlinger kennt seinen Spielplatz gut, er hat im „Warmbaderhof" gelernt, vertrat sich in renommierten internationalen Küchen die Füße, kehrte als Sous Chef zurück und übernahm 2013 das Küchenkommando. Seitdem weht ein genialer frischer Wind durch die seit 25 Jahren durchgehend mit einer Haube ausgezeichnete Gourmetinstitution. Auf handwerklich höchst solider Basis steht sein Spiel mit Alt und Neu, stilsicher spannt er einen kulinarischen Bogen von den Karnischen Alpen bis an die Adriaküste. Mit harmonischen, raffiniert kontrastierenden Gerichten, die diesem kleinen großen Restaurant eine glanzvolle Zukunft bescheren.

EINE INSTITUTION **ERSTRAHLT IN NEUEM GLANZ**

Gemessen an den Jahren, in denen „Das Kleine Restaurant“ im 5-Sterne-Hotel „Warmbaderhof“ bereits im Gault-Millau-Führer Erwähnung findet, darf man ruhig von Methusalem-Status sprechen. Seit rund 30 Jahren zählt das Gourmetrestaurant des Hauses zu den kleinsten, aber feinsten Adressen des Landes. 2012 einem umfassenden Facelift unterzogen, tafelt man hier in zeitlos elegantem, urban angehauchtem Ambiente zwischen Muranoglas-Elementen und mit fantastischem Blick auf den Park. Ein Ort für arrivierte Genießer, der keineswegs nur der anspruchsvollen Klientel des Hauses, sondern auch den Villachern offenstehen soll. Und gemeinsam mit Pâtissière Michaela Neumayr an seiner Seite macht es Küchenchef Jürgen Perlinger Freunden gehobener Kulinarik tatsächlich leicht, die Schwellenangst zu überwinden.

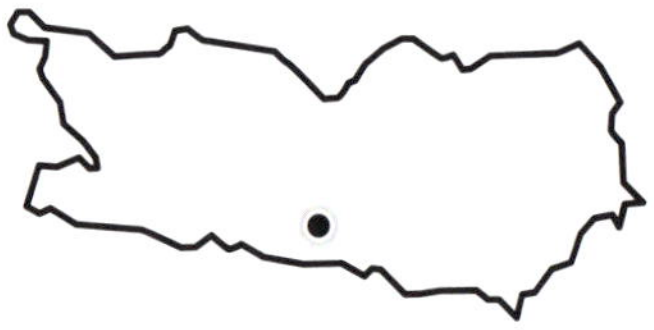

Das Kleine Restaurant im Warmbaderhof
Kadischenallee 22–24
A-9504 Warmbad-Villach
Tel.: +43 (0) 42 42/30 01 12 83
E-Mail: restaurant.wbh@warmbad.at
www.warmbaderhof.com

JÜRGEN
PERLINGER

SCHWIERIGKEITSGRAD: MITTEL | **ZUBEREITUNGSZEIT:** 3 STUNDEN

MAIBOCK HOCH ZWEI

RÜCKEN UND GESCHMORTE SCHULTER VOM MAIBOCK/ GRÜNER SPARGEL/WEISSE POLENTASCHNITTE/ESPRESSO

FÜR 4 PERSONEN:

MAIBOCK-RÜCKEN:
400 g Maibock-Rücken
50 g geröstete Haselnüsse
Nussöl, Rosmarin
Kerbel, Salz, Koriander, Butter

MAIBOCK-SCHULTER:
1 Maibock-Schulter, 1 l Wildfond
300 ml Rotwein, 150 ml roter Portwein
5 Schalotten, 100 g Knollensellerie
50 g Stangensellerie
50 g Karotten, 1 Orange
20 g Wildpreiselbeeren
Rosmarin, Thymian, Pfeffer
Piment, Sternanis, Wacholder, Lorbeer
etwas Chili, Salz, Butter, Tomatenmark

POLENTASCHNITTE:
100 ml Geflügelfond
100 ml Milch, 30 g weiße Polenta
15 g Butter, 15 g Parmesan
Salz, Muskat

SPARGELCREME:
200 g grüner Spargel
200 ml Spargelfond
50 g Kartoffeln, 2 Schalotten
50 g Crème fraîche, 50 g Butter
Salz, Koriander

ESPRESSOGEL:
100 ml Espresso, 1 Stk. Piment
½ Nelke, 0,6 g Agar-Agar
etwas Anis

MARINIERTES GEMÜSE:
8 Karottenscheiben
8 Spargelscheiben, weiß
8 Spargelscheiben, grün
Salz, Zucker, Gemüsefond, Nussöl

MAIBOCK-RÜCKEN: Den Maibock-Rücken mit Nussöl bepinseln, vakuumieren und im Wasserbad bei 56 °C etwa 25 Minuten garen. Aus der Folie nehmen, in Butter bräunen, mit Salz und Koriander würzen und in der Haselnuss-Rosmarin-Kerbel-Mischung wälzen.

MAIBOCK-SCHULTER: Die Schulter samt Knochen in einem Bräter anbraten und wieder herausnehmen. Schalotten und das Gemüse im Bräter rösten, wenig Tomatenmark dazugeben und mit dem Rotwein und Portwein ablöschen. Mit Wildfond aufgießen und die restlichen Zutaten, bis auf die Preiselbeeren, dazugeben. Die Maibock-Schulter einlegen und zugedeckt im Ofen bei 140 °C etwa 2,5 Stunden schmoren. Das Fleisch herausnehmen und den Knochen lösen. Knochen mit einem Drittel des Wildfonds stark reduzieren lassen und beiseitestellen. Das Fleisch noch warm in kleine Stücke schneiden, mit Wildpreiselbeeren, Rosmarin, Thymian und dem reduzierten Wildfond vermengen und mit Salz und Pfeffer abschmecken. Danach auf Klarsichtfolie geben, Rollen formen und kalt stellen. Den restlichen Wildfond abseihen, etwas reduzieren und mit Butter binden. Die erkalteten Rollen portionieren und langsam im Fond erwärmen.

POLENTASCHNITTE: Geflügelfond mit Milch, Salz und Muskat aufkochen, die Polenta einrieseln lassen und zugedeckt 30 Minuten auf kleiner Flamme gar ziehen lassen. Vom Herd nehmen, etwas Butter und Parmesan dazugeben und auf ein Blech streichen. In die gewünschte Form schneiden und in Butter anbraten.

SPARGELCREME: Den Spargel im Spargelfond weich kochen und in Eiswasser abschrecken. Schalotten klein schneiden, in Butter andünsten, klein geschnittene Kartoffeln dazugeben und mit Spargelfond aufgießen. Die Flüssigkeit verdampfen lassen und mit dem Spargel und Crème fraîche im Standmixer pürieren. Mit Salz und Koriander würzen.

ESPRESSOGEL: Den Espresso mit den Gewürzen und Agar-Agar 5 Minuten köcheln lassen. Vom Herd nehmen und gelieren lassen. Mit dem Mixer pürieren und in eine Spritzflasche füllen.

MARINIERTES GEMÜSE: Gemüsefond, Salz, Zucker und etwas Nussöl aufkochen. Vom Herd nehmen und das Gemüse darin marinieren.

» WEINEMPFEHLUNG:

CUVÉE COLLOREDO 2011
Weingut Hagn
Mailberg, Niederösterreich
Cuvée aus Cabernet Sauvignon und Merlot in funkelndem Bordeauxrot. Charmanter Beerenton, geschmeidig mit gut eingebundenem Tannin. Mächtig und kraftvoll im Abgang.
www.hagn-weingut.at

» PROFITIPP:

Man kann die Röllchen von der Maibock-Schulter vor dem Wärmen mit Lardo ummanteln, wodurch sich der Geschmack intensiviert.
Jürgen Perlinger, Küchenchef

RAVIOLI-NUDELTEIG: Den Kerbel blanchieren, im Eiswasser abschrecken und mit den Eiern zu einer grünen Creme mixen. Mit den restlichen Zutaten vermengen, zu einem glatten Teig kneten und zugedeckt 30 Minuten kühl rasten lassen. Für die Fertigstellung der Ravioli den Nudelteig dünn ausrollen, rund ausstechen, mit der Füllung belegen und die Enden mit Eigelb bestreichen. Zu einem Sack formen, leicht andrücken und in Salzwasser etwa 8 Minuten langsam köcheln.

RAVIOLI-FÜLLUNG: 100 Gramm vom Zanderfilet mit Sahne, Salz und Pfeffer zu einer Farce verarbeiten und kalt stellen. Das restliche Zanderfilet in kleine Würfel schneiden. Schalotten und Stangensellerie klein schneiden, in Butter andünsten, mit Noilly Prat ablöschen und kalt stellen. Die Farce mit allen Zutaten und gezupften Sellerieblättern mischen und abschmecken.

SELLERIECREME: Schalotten und Sellerie klein schneiden, in Butter andünsten und mit Gemüsefond aufgießen. Sellerie weich kochen und die Flüssigkeit dabei komplett verdampfen lassen. Mit Crème fraîche im Standmixer fein pürieren und mit Zitrone, Salz und Pfeffer abschmecken.

ZITRUSFRUCHTÖL: Aus dem Orangensaft, Zitronensaft, den Zesten und dem Thymianzweig eine Reduktion bereiten und mit dem Öl vermischen.

MARINIERTE ROTE RÜBE: Rübensaft, Salz, Zucker und Kümmel aufkochen, vom Herd nehmen, den Balsamico dazugeben und die Rote-Rübe-Scheiben darin marinieren.

ROTE-RÜBE-SCHAUM: Flüssigkeit von der marinierten Rübe absieben und aufschäumen.

RÜBENCHIP: Alle Zutaten etwa 3 Minuten leicht köcheln lassen, auf eine Silikonmatte gießen und im Ofen bei 60 °C trocknen lassen.

SCHWIERIGKEITSGRAD: MITTEL | **ZUBEREITUNGSZEIT:** 1 ½ STUNDEN

ZANDER TRIFFT ROTE-RÜBE-RAVIOLO

SELLERIECREME/ZITRUSFRUCHTÖL

FÜR 4 PERSONEN:

RAVIOLI-NUDELTEIG:
2 Eier, 200 g Mehl
1 EL Olivenöl
50 g Kerbel, Salz
1 Eigelb

RAVIOLI-FÜLLUNG:
40 g Butter, 160 g Zanderfilet
80 ml Sahne, 20 ml Noilly Prat
40 g Stangensellerie, 2 Schalotten
junge Sellerieblätter
Meersalz, Pfeffer

SELLERIECREME:
200 g Sellerie, 200 ml Gemüsefond
2 Schalotten, 80 g Butter
50 g Crème fraîche
1 Zitrone, Salz, weißer Pfeffer

ZITRUSFRUCHTÖL:
100 ml Orangensaft, frisch gepresst
100 ml Zitronensaft
100 ml Zitronen-Olivenöl
1 Zitronenthymian
Zesten einer halben Zitrone und einer halben Orange

MARINIERTE ROTE RÜBE:
8 Scheiben Rote Rübe
100 ml Rote-Rübe-Saft
30 ml weißer Balsamico
5 g Salz, 5 g Zucker
etwas Kümmel

ROTE-RÜBE-SCHAUM:
Flüssigkeit von den marinierten Roten Rüben (siehe oben)

RÜBENCHIP:
200 ml Rote-Rübe-Saft
50 ml Apfelsaft
1,8 g Pektin, Kümmel

» WEINEMPFEHLUNG:

CHARDONNAY GEBLING 2013
Weingut Sepp Moser
Rohrendorf, Krems, Niederösterreich
Strahlend grüngelber Glanz, Duft nach frischen Äpfeln und exotischen Früchten. Am Gaumen elegant und fruchtig, cremig und lang im Abgang.
www.sepp-moser.at

» PROFITIPP:

Anstelle des Zanders kann man auch Wildfleisch verwenden. Dieses harmoniert sehr gut mit dem Sellerie und der Roten Rübe.
Jürgen Perlinger, Küchenchef

SCHWIERIGKEITSGRAD: LEICHT | **ZUBEREITUNGSZEIT:** 2 STUNDEN (OHNE RUHEZEIT)

SACHERMARILLEN-EISPARFAIT

FRUCHTIGES GELEE/BEERENSANGRIA

FÜR 4 PERSONEN:

MARILLENEIS-PARFAIT:
60 g Marillenmus
20 g Joghurt
20 g Sahne, geschlagen

SACHEREIS-PARFAIT:
25 g Eigelb
5 g Staubzucker
2 EL Rum
25 g Kuvertüre, aufgelöst
100 g Sahne, geschlagen
50 g Sacher-Brösel
Vanille, Zitrone

GELEE VON ERDBEERE UND MARILLE:
100 g Marillenmark
2 Bl. Gelatine
100 g Erdbeermark
Weißwein, Zitronensaft, Staubzucker

BEERENSANGRIA:
frische Beeren, Zitronensaft
Läuterzucker, Champagner
Grand Marnier

MARILLENEIS-PARFAIT: Marillenmus und Joghurt verrühren und die geschlagene Sahne unterheben. In vorgekühlte Förmchen füllen und frieren.

SACHEREIS-PARFAIT: Eigelb, Zucker, Rum, Vanille und Zitrone warm und kalt schlagen, die aufgelöste Schokolade vorsichtig unterrühren und die geschlagene Sahne und Sacher-Brösel daruntermischen.

GELEE VON ERDBEERE UND MARILLE: Erdbeermark mit etwas Staubzucker und Zitronensaft mixen und durch ein Sieb drücken. Marillenmark mit etwas Staubzucker und einem süßen Weißwein und Zitronensaft weich kochen und mixen. Bei beiden Gelees zum Schluss die eingeweichte und aufgelöste Gelatine untermengen. Danach in Gläser füllen und kühlen.

BEERENSANGRIA: Alle Zutaten außer dem Champagner vermengen und 12 Stunden ziehen lassen. Beim Servieren mit Champagner aufgießen.

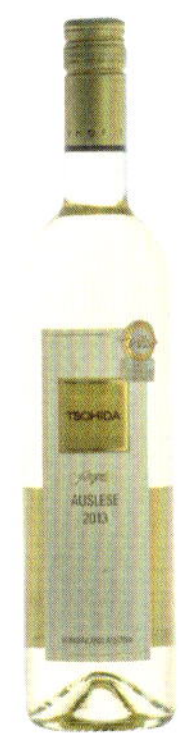

» WEINEMPFEHLUNG:
AUSLESE CUVÉE 2013
Angerhof Tschida
Illmitz, Neusiedler See
Im Stahltank ausgebaute Cuvée. Intensive Noten von Orangenschale, Mandarine und Rosengelee. Aromatischer Fruchtbogen, stützende Säure.
www.angerhof-tschida.at

» PROFITIPP:
Das Eisparfait sollte man 10 Minuten vor dem Servieren aus der Tiefkühlung nehmen.
Michaela Neumayr, Pâtissière

SPORTLICHER EHRGEIZ UND GROSSES KULINARISCHES TALENT. ZWEI EIGENSCHAFTEN, MIT DENEN SICH **HANNES MÜLLER** IN DER **FORELLE** JAHR UM JAHR ERNEUT IN DIE REGIONALKÜCHEN-OBERLIGA KOCHT.

START ZIEL SIEG

Bauer, Eisschnellläufer, Koch? Die Entscheidung fiel Hannes Müller so schwer, dass er sich einfach für alle drei Karrierewege entschied. Die Schlittschuhe schnallt der 34-jährige ehemalige Eisschnelllauf-Marathon-Staatsmeister nur noch zum Spaß an, Holzhacken und Kochen nimmt er dafür umso ernster. 2002 zog es den Reinhard-Gerer-Schüler aus dem Sun Valley zurück in den elterlichen Betrieb, die „Forelle" am Weissensee. Dort holte er zuerst die Region aus dem kulinarischen Winterschlaf, dann zwei Gault-Millau-Hauben, die er nach wie vor hält. Wie kein anderer versteht Müller es, den Eigengeschmack von Tauernlamm, Seeforelle & Co. zu potenzieren und klassischen Gerichten fernab jeglicher Effekthascherei modernes neues Leben einzuhauchen. Ergebnis: eine sehr eigenständige, aromenreiche, olympiareife Regionalküche.

die forelle
viersternelandgenusshotel
JEUNES
STAURATEURS
D'EUROPE

DAS **(LEBENS-)LUST PRINZIP**

Im keineswegs übertragenen Sinne nah am Wasser gebaut ist das 4-Sterne-Genusshotel der Familie Müller – und zwar nicht an irgendeinem, sondern am, wie viele behaupten, schönsten Wasser Kärntens, dem Weissensee. Wer hier sein Köfferchen abstellt und die Füße hochlegt, kann den Seeforellen von der Terrasse aus beim Plantschen zusehen. Die Entdeckung der Langsamkeit, sie fällt leicht an diesem idyllischen Fleckchen Erde. Wo es nach Wiesenkräutern, Wildblumen, Zirbenholz und selbst gebackenem Brot duftet und die Müllers mit viel Liebe zum Detail dazu beitragen, dem Begriff des naturnahen Urlaubs eine neue Dimension zu verleihen. Ein modernes, farbenfrohes und sehr persönlich geführtes Hide-away, und nicht zuletzt aufgrund Hannes Müllers kulinarischen Repertoires ein echter Geheimtipp für genussaffine Wasserratten.

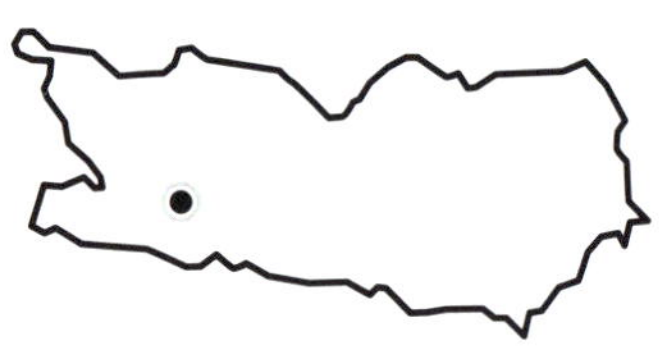

Die Forelle
Techendorf 80
A-9762 Weissensee
Tel.: +43 (0) 4713/35 56
E-Mail: info@dieforelle.at
www.forellemueller.at

SCHWIERIGKEITSGRAD: MITTEL | **ZUBEREITUNGSZEIT:** 1 ½ STUNDEN (OHNE RUHEZEITEN)

SEEFORELLE & SENFKOHL

PETERWURZEL UND PANNONISCHER SAFRAN

FÜR 4 PERSONEN:

SEEFORELLE:
4 Seeforellensteaks, entgrätet, à 100 g
Olivenöl

PETERWURZELCREME:
200 g Peterwurzeln, geschält, grob geschnitten
2 EL Sahne
Wasser, Salz

SAURE PETERWURZEL:
½ Peterwurzel, geschält
weißer Balsamessig
Salz, Zucker
Olivenöl

SENFKOHL:
20 kl. Senfkohlblätter, blanchiert
Salz, Kubebenpfeffer, Olivenöl

PANNONISCHER-SAFRAN-FOND:
100 g Fischabschnitte
1 kl. Stück von der Fenchelknolle
1 kl. Jungzwiebel
60 ml Noilly Prat und Weißwein-Gemisch
1 l Gemüsefond
2 Wacholderbeeren, 2 Eiweiß
1 Msp. pannonischer Safran

SEEFORELLE: Die Seeforellensteaks mit dem Olivenöl marinieren und anschließend auf einen Teller geben. Den Teller mit Klarsichtfolie gut umwickeln. Im Ofen bei ca. 60 °C je nach Fleischstärke 10 bis 15 Minuten konfieren.

PETERWURZELCREME: Die Peterwurzelstücke mit gesalzenem Wasser zustellen. So lange kochen, bis das Wasser beinahe einreduziert ist. Mit der Sahne aufgießen und nochmals kurz aufkochen. Mit Salz nachwürzen und zu einer feinen Creme pürieren. In einen Spritzsack füllen und warm halten.

SAURE PETERWURZEL: Die Peterwurzel mit der Aufschnittmaschine in feine Scheiben schneiden. Anschließend mit Salz, Zucker, Balsamessig und Olivenöl marinieren und etwa 2 Stunden beizen lassen.

SENFKOHL: Die blanchierten Senfkohlblätter auf einem Teller auflegen und mit Salz, Pfeffer und Olivenöl marinieren. Mit Klarsichtfolie abdecken und im Ofen zusammen mit dem Fisch erwärmen.

PANNONISCHER-SAFRAN-FOND: Fischabschnitte zusammen mit dem grob geschnittenen Gemüse, Eiweiß, Wein, Wacholderbeeren und Gemüsefond verrühren und ganz langsam aufkochen lassen, sodass sich die Flüssigkeit klärt. Ganz langsam etwa eine halbe Stunde köcheln lassen. Vom Herd nehmen und den Safran dazugeben. 15 Minuten ziehen lassen und ein wenig überkühlen. Abschließend durch ein feines Passiersieb abseihen.

» WEINEMPFEHLUNG:

SAUVIGNON BLANC STEINBRUCH
Weingut Moser
Großwalz, Südsteiermark
In der Nase Johannisbeere, Stachelbeere und Brennnessel, am Gaumen ein ausgefüllter, kompakter Sauvignon mit lang anhaltendem Abgang. Ein universeller Speisenbegleiter!
www.weingut-moser.at

» PROFITIPP:

Die Seeforelle ungewürzt garen, damit sie kein Wasser verliert. Der Fisch harmoniert mit den Beilagen ohnehin ungewürzt am besten.
Hannes Müller, Küchenchef

SCHWIERIGKEITSGRAD: MITTEL | **ZUBEREITUNGSZEIT:** 2½ STUNDEN

PINZGAUER RIND, SPECKLACK

JAUSENZWIEBEL, VERJUS, SAUERLAUCH

PINZGAUER RIND: Das Fleischstück der Länge nach halbieren, sodass 2 Stücke mit gleichmäßigem Umfang entstehen. Rosmarin und Thymian darauflegen, in Klarsichtfolie luftdicht einrollen und die Enden verknoten. Ins auf 57 °C gewärmte Wasserbad legen und mindestens 1,5 Stunden ziehen lassen.

SPECKLACK: Portwein und Rotwein um die Hälfte reduzieren lassen. Bratensaft und Speck dazugeben und nochmals um die Hälfte reduzieren. Vorsicht: Der Speck würzt nochmals nach, deshalb ist es wichtig, dass der Bratensaft eher mild ist. Abschließend den Lack mit ein wenig Maizena-Wasser eindicken.

ZWIEBELCREME: Die Butter zergehen lassen und die grob geschnittenen Zwiebeln hinzugeben. Leicht farblos angehen lassen. Mit dem Weißwein ablöschen und anschließend mit der Sahne aufgießen. Mit Salz würzen. Das Ganze langsam einkochen, bis allmählich die gesamte Flüssigkeit verdampft ist und die Zwiebel zerfällt. Alles zusammen zu einer Creme mixen und eventuell noch mit etwas Salz und Weißwein abschmecken.

VERJUS: Gemüsefond und Noilly Prat ein wenig einreduzieren, mit Sahne aufgießen und mit Butter schäumen. Verjus je nach Geschmack dazugeben und nochmals aufschäumen.

SAUERLAUCH: Lauch zuputzen und als Ganzes im Salzwasser blanchieren. Mit Eiswasser abschrecken. Überkühlen und in 1 Zentimeter dicke Scheiben schneiden. Auf einen Teller legen und mit Salz, Zucker, Olivenöl und Verjus würzen. Unter einer Wärmelampe oder im Ofen kurz erwärmen und anrichten.

FÜR 4 PERSONEN:

PINZGAUER RIND:
1 Stk. Pinzgauer Rind-Beiried, à 600 g, zugeputzt, ohne Fett
2 Rosmarinzweige
2 Thymianzweige
Wasserbad mit 57 °C Temperatur

SPECKLACK:
60 ml Portwein
60 ml kräftiger Rotwein
500 ml Rindsbratensaft
70 g Speckabschnitte
etwas Maizena zum Binden

ZWIEBELCREME:
250 g Zwiebeln, geschält, grob geschnitten
2 EL Butter
125 ml Weißwein
1 l Sahne, Salz

VERJUS:
125 ml Gemüsefond
60 ml Noilly Prat
2 EL Butter
60 ml Sahne
2 EL Verjus

SAUERLAUCH:
1 Stg. Lauch, grüner Teil
Olivenöl, Verjus
Salz, Zucker

» WEINEMPFEHLUNG:

BLAUFRÄNKISCH LEITHAGEBIRGE 2009
Weingut A. Kollwentz
Großhöflein, Burgenland

Tiefdunkles Rubingranat, in der Nase intensive Röstaromen, Karamell und nussige Nuancen. Am Gaumen stoffig, ein Korb voller Brom- und Hollerbeeren, tolle Extraktsüße, frische Säurestruktur.

www.kollwentz.at

» PROFITIPP:

Verjus ist ein natürlicher Essigersatz. Man kann stattdessen auch normalen Essig für die Zubereitung verwenden.

Hannes Müller, Küchenchef

SCHWIERIGKEITSGRAD: SCHWER | **ZUBEREITUNGSZEIT:** 1½ STUNDEN (OHNE KÜHLZEITEN)

JAKOBERS BAUERNTOPFEN

UND RHABARBER

TOPFENKNÖDELMASSE: Butter, Topfen, Zitrone und Ei gut miteinander verrühren und etwa 30 Minuten rasten lassen. Toastwürfel und Zucker darunterheben und nochmals rasten lassen.

KNÖDELFÜLLE: Gelatine in kaltem Wasser einweichen. Sämtliche Zutaten mit Ausnahme der Gelatine verkochen und mit einem Stabmixer pürieren. Durch ein Passiersieb gießen und anschließend die gut ausgedrückte Gelatine in die Flüssigkeit geben. In eine mit Klarsichtfolie ausgelegte Form gießen und im Kühlschrank erkalten lassen, bis das Gelee gestockt ist. Dann in kleine Würfel schneiden und die Knödel damit füllen. Die Knödel in siedendem Salzwasser langsam ziehen lassen. Die restlichen Geleewürfel für die Tellerdekoration aufheben.

TOPFEN-MARSHMALLOW-KNÖDEL: Topfen mit Honig und Zucker verrühren. Die Gelatine in kaltem Wasser einweichen. Die Milch auf knapp 40 °C erhitzen und die gut ausgedrückte Gelatine darin auflösen. Etwas erkalten lassen und anschließend unter die Topfenmasse rühren. Die geschlagene Sahne vorsichtig unterheben und anschließend die Masse in Halbkugel-Silpatformen füllen. Frieren. Im gefrorenen Zustand in jeder Halbkugel mittig mit einem Parisienneausstecher eine kleine Füllmulde herausstechen. Die Mulde mit dem Rhabarbergelee füllen und anschließend die Halbkugeln miteinander zu einer runden Kugel verkleben. Wieder im Gefrierfach aufbewahren.

RHABARBEREIS: Sämtliche Zutaten aufkochen, mixen und passieren. In einem Pacojet-Becher frieren oder in einer gewöhnlichen Sorbetmaschine fertigstellen.

RHABARBERKOMPOTT: Alle Zutaten zusammen in einen Topf geben und im Rohr bei 200 °C 10 bis 15 Minuten schmoren. Den Saft abgießen, abbinden und wieder mit den Stückchen verrühren.

BUTTERBRÖSEL: Butter in einer Pfanne zergehen lassen und anschließend alle Zutaten hinzugeben. Schön durchrösten. Die Knödel darin wälzen.

FÜR 4 PERSONEN:

TOPFENKNÖDELMASSE:
25 g Butter
350 g Topfen (trocken)
1 Ei, 2 EL Zucker
75 g Toastbrot, klein gewürfelt
Zitronenschale

KNÖDELFÜLLE:
100 g Rhabarber
30 g TK-Himbeeren
60 g Zucker, 30 ml Wasser
2 Bl. Gelatine

TOPFEN-MARSHMALLOW-KNÖDEL:
60 ml Milch
20 g Waldhonig
20 g Zucker
1 Bl. Gelatine
200 g Topfen
160 g Sahne, geschlagen

RHABARBEREIS:
300 g Rhabarber, geschält, grob geschnitten
Mark von ½ Vanilleschote
100 g Zucker, 50 ml Wasser

RHABARBERKOMPOTT:
100 g Rhabarber, geschält, in feine Stücke geschnitten
1 Vanilleschote, halbiert
1 Msp. Zimt, gemahlen
15 g TK-Himbeeren
35 g Kristallzucker
15 ml Wasser

BUTTERBRÖSEL:
Semmelbrösel
Haselnüsse, gemahlen
Vanillezucker
Zucker, Butter
Saft von ½ Zitrone

» WEINEMPFEHLUNG:
FURMINT 2012
Heidi Schröck
Rust, Neusiedler See, Burgenland
Eine seltene, traditionsreiche Rebsorte mit hohen Ansprüchen an Klima und Boden. Dem Furmint aus der Riede Turner sagt man eine feurige Note nach. Aroma nach gelben Äpfeln, Quitte, Kamille und Lindenblüten.
www.heidi-schroeck.com

» PROFITIPP:
Man kann dieses Gericht auch mit saisonal verfügbarem Obst zubereiten. Beim Süßen auf den Fruchtzuckergehalt achten!
Hannes Müller, Küchenchef

AUSNAHMEKOCH **CHRISTIAN SILMBROTH** HAT SEINE KULINARISCHE RENNSTRECKE VOM BERG AN DEN SEE VERLEGT UND GIBT IM **SCHLOSSHOTEL VELDEN** KULINARISCH VOLLGAS.

VELDENS NEUE S-KLASSE

Christian Silmbroths Ruf als Fine-Dining-Wunderkind eilte ihm voraus, als er 2014 die kulinarische Leitung des „Schlosshotels Velden", allen voran das Restaurant-Flaggschiff „Schlossstern", übernahm. Der gebürtige Oberösterreicher hatte schon Dietrich Mateschitz' „Steirerschlössl" in Spielberg in Sekundenschnelle als Gourmetdestination etabliert. In Velden stellt Silmbroth erneut seine Qualitäten als Kreativgenie und Food-Hunter unter Beweis. Auf internationalem Top-Niveau, aber zugänglich und an der Basis stark heimatbezogen ist seine Küche. Geradezu phänomenal ist sein detektivisches Gespür für regionale Spitzenprodukte von Kleinstlieferanten. Ein Food-Mekka nicht nur für den Jetset, sondern ein kulinarisches Eldorado für alle leidenschaftlichen Genießer zu schaffen, das war Silmbroths Mission. Nun denn: Mission geglückt.

Ch. Silmbroth

EIN PLÄDOYER **FÜR NAHBAREN LUXUS**

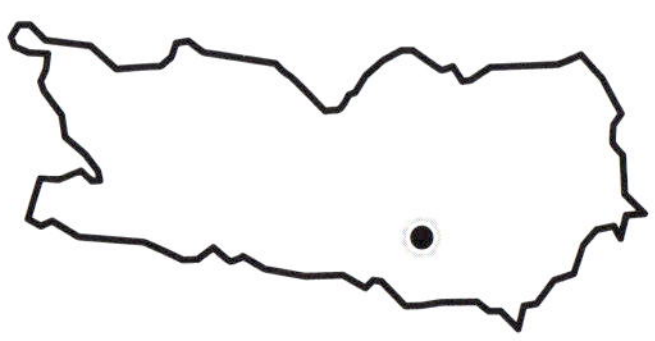

Falkensteiner Schlosshotel Velden
Schlosspark 1
A-9220 Velden am Wörthersee
Tel.: +43 (0) 4274/52 000-0
E-Mail: reservation.schlossvelden@falkensteiner.com
www.falkensteiner.com/de/hotel/schloss-hotel-velden

Das „Schlosshotel Velden“ war noch nie einfach nur ein Luxushotel. Vielmehr ein Jetset-Paradies, Spielwiese von Gunter Sachs, Roy Black und dem europäischen Geldadel. Der elitäre Ruf des legendären 5-Sterne-Hauses am See warf aber auch seine Schatten – schwankende Auslastung, Schwellenängste potenzieller Gäste. Die zeitgemäße, weltoffene Auferstehung des Schlosses läutete Besitzer Karl Wlaschek gemeinsam mit der Falkensteiner-Gruppe ein. Moderne Architektur und imperiale Pracht koexistieren nun ganz selbstverständlich, unaufdringlich und exzellent der Service und die vielseitige Küche Christian Silmbroths, atemberaubend der Wohnkomfort. Und mit der Neueröffnung des leger-anspruchsvollen Restaurants „Seespitz“ und dem angrenzenden Beach Club sind die Weichen für eine neue, glorreiche Ära am Südufer gestellt.

SCHWIERIGKEITSGRAD: MITTEL | **ZUBEREITUNGSZEIT:** 1 ½ STUNDEN (OHNE KÜHLZEITEN)

MILCHKALB – KAROTTE – ERBSE

FÜR 4 PERSONEN:

NUDELTEIGTASCHEN:
3 Eigelb
1 Ei
100 g Hartweizendunst
etwas Olivenöl oder Wasser

FÜLLE:
60 g Erbsen, enthäutet, leicht gequetscht
50 g Kopfsalat, klein geschnitten
5 g Butter
5 g Minze, fein geschnitten
20 g gelierter Kalbskopf, gewürfelt
20 g gepökelte Kalbszunge, gewürfelt
Salz, geschroteter Pfeffer

KALBSFILET:
400 g Kalbsfilet, 30 g Butter
1 Zweig Thymian
Salz, schwarzer Pfeffer

GEPÖKELTE KALBSZUNGE:
30 g gepökelte Kalbszunge
50 ml Rinderbrühe

KAROTTENPÜREE:
300 g Karotten, geschält, gewürfelt
150 ml Gemüsefond, 50 g Butter
Salz, Pfeffer, Zitrone

KALBSJUS:
1 kg Kalbsknochen, klein gehackt
250 g Kalbfleischabschnitte
2 l Wasser, 120 g Zwiebeln
50 g Lauch, 50 g Karotten
30 g Sellerie, 30 g Tomatenmark
100 ml Öl
300 ml Rotwein
1 Lorbeerblatt, Petersilienstängel
Rosmarin, Thymian
Salz, Pfefferkörner, Butter

NUDELTEIGTASCHEN: Eigelbe, Hartweizendunst und Olivenöl verkneten und 24 Stunden verpackt in Frischhaltefolie im Kühlschrank ruhen lassen. Vor dem Füllen den Nudelteig dünn ausrollen, rund ausstechen und mit Ei bestreichen.

FÜLLE: Kopfsalat mit der Butter kurz glasieren, mit den restlichen Zutaten gut vermengen und würzen. Überkühlen lassen. Die Teigtaschen mit der Masse füllen und in Salzwasser kurz kochen.

KALBSFILET: Kalbsfilet würzen und bei schwacher Hitze mit der Butter und dem Thymianzweig anbraten. Bei 160 °C Umluft etwa 9 Minuten im Ofen garen.

GEPÖKELTE KALBSZUNGE: Die gepökelte Kalbszunge in Scheiben schneiden und in der warmen Rinderbrühe ziehen lassen.

KAROTTENPÜREE: Karottenwürfel im Gemüsefond weich kochen, mit der Butter, Salz, Pfeffer und etwas Zitronenabrieb pürieren.

KALBSJUS: Die klein gehackten Kalbsknochen in einer geölten, heißen Bratpfanne scharf anbraten. Kalbsabschnitte zugeben und im Backrohr bei 140 °C langsam rösten. Das in 5 Millimeter dicke Scheiben geschnittene Gemüse beigeben und mitrösten, bis die Flüssigkeit austritt. Das überschüssige Fett abgießen, Tomatenmark dazugeben und bei 95 °C ebenfalls rösten. Alles mit Rotwein ablöschen. Wenn der Boden der Kasserolle fast trocken ist, mit etwas Wasser aufgießen und wieder verkochen lassen. Mit dem restlichen Wasser aufgießen und in einen Topf geben. Gewürze und Petersilie beigeben und auf dem Herd einige Stunden leicht köcheln. Durch ein Sieb abseihen, nach 15 Minuten das Fett an der Oberfläche abschöpfen. Den reduzierten Jus mit kalten Butterwürfeln montieren.

» WEINEMPFEHLUNG:

PINOT NOIR „SEQUANA" 2010
Sequana Vineyards
Russian River Valley, Kalifornien
Ein leuchtend rubinroter Spitzen-Pinot mit ausgeprägten Kirsch- und Beerenaromen sowie erdig-mineralischen Nuancen. Ein perfekter, eleganter Begleiter zum zarten Milchkalb.
www.sequanavineyards.com

» PROFITIPP:

Den kalten Kalbsjus kann man in ein Eiswürfelsäckchen abfüllen und auf Vorrat einfrieren.
Christian Silmbroth, Küchenchef

SCHWIERIGKEITSGRAD: MITTEL | **ZUBEREITUNGSZEIT:** 45 MINUTEN

SCHLOSS-SAIBLING

MIT KERBELKARTOFFERL UND FRISCHEM GARTENGEMÜSE

SCHLOSS-SAIBLING: Den ausgenommenen Saibling unter kaltem, fließendem Wasser ordentlich ausspülen. Mit einem Küchentuch trocken tupfen, sowohl innen als auch außen mit Zitrone beträufeln, salzen und pfeffern. Die Knoblauchzehen halbieren und mit den Kräutern in die Bauchhöhle geben. Etwas mehlieren und in einer Pfanne bei mittlerer Hitze mit dem Tafelöl 4 Minuten auf jeder Seite anbraten. Am Schluss mit der Butter und frischem Thymian leicht nachbraten.

KERBELKARTOFFEL: Heurige Kartoffeln im Salzwasser kochen. Nach dem Schälen mit der Butter, dem gehackten Kerbel und etwas Salz abschmecken.

GARTENGEMÜSE: Gemüse kurz in Salzwasser blanchieren. Mit Butter und etwas Salz abschmecken.

FÜR 4 PERSONEN:

SCHLOSS-SAIBLING:
4 Saiblinge im Ganzen, à 300 g
130 g Zitrone, unbehandelt
150 g Mehl
140 g frische Kräuter (Petersilie, Thymian, Dill)
4 Knoblauchzehen
120 g Butter, gewürfelt
100 ml Tafelöl
Salz, Pfeffer

KERBELKARTOFFEL:
800 g heurige Kartoffeln
120 g Butter
60 g Kerbel, gehackt
Salz

GARTENGEMÜSE:
100 g grüner Spargel
100 g Karotten
100 g Gelbe Rüben
100 g Stangensellerie
60 g Butter
Salz

» WEINEMPFEHLUNG:
GRÜNER VELTLINER „RIED GRUB" 2012
Weingut Schloss Gobelsburg
Kamptal, Niederösterreich
Ein typischer Veltliner mit reifen Fruchtaromen und toller Mineralik, da die Lage Grub sehr viel Löss und Sandanteil aufweist. Unterstützt den gebratenen Fisch mit seinem Frucht-Säure-Spiel perfekt.
www.gobelsburg.at

» PROFITIPP:
Vor dem Anrichten die gehobelten Mandeln kurz in der Pfanne schwenken!
Christian Silmbroth, Küchenchef

SCHWIERIGKEITSGRAD: MITTEL | **ZUBEREITUNGSZEIT:** 1 ¾ STUNDEN (OHNE RUHEZEITEN)

ERDBEERE – MATCHA – MANDEL

FÜR 4 PERSONEN:

ERDBEER-BUTTERMILCH-SORBET:
25 g vollreife Erdbeeren, püriert
3 g Glucose
3 g Feinkristallzucker
10 ml Buttermilch, 2 ml Verjus
etwas Balsamico, weiß

ERDBEERGEL:
100 g Erdbeeren
10 ml Verjus
20 g Gelierzucker 3:1

ERDBEERMOUSSE:
50 g vollreife Erdbeeren, püriert
50 g Crème fraîche
15 g Sahne, geschlagen
1 Bl. Gelatine
etwas Staubzucker

MATCHA-ERDE:
50 g Mandelgrieß, 50 g Panko-Brösel
40 g Schokolade, weiß, gerieben
9 g Matcha-Pulver

MANDEL-BLONDIE:
40 g Schokolade, weiß
70 g Butter, 1 Ei
100 g Feinkristallzucker
55 g Mehl, glatt
45 g Mandelgrieß, leicht geröstet

BUTTERMILCHGELEE:
60 ml Buttermilch
25 g Staubzucker, 1 Bl. Gelatine
etwas Zitronenabrieb

BUTTERMILCHCREME:
100 ml Buttermilch
30 g Crème fraîche
15 g Staubzucker
1 Bl. Gelatine
etwas Zitronenabrieb und -saft

ERDBEER-BUTTERMILCH-SORBET: Alle Zutaten vermengen und frieren.

ERDBEERGEL: Erdbeeren etwas zerkleinern, mit Verjus und Gelierzucker weich köcheln, mixen und passieren.

ERDBEERMOUSSE: Pürierte Erdbeeren mit Crème fraîche und Staubzucker verrühren. Blattgelatine erwärmen und einrühren. Das geschlagene Obers unterheben und 2 Stunden kühl stellen.

MATCHA-ERDE: Alle Zutaten trocken vermengen.

MANDEL-BLONDIE: Butter und Schokolade schmelzen und kurz überkühlen lassen. Das Ei einrühren und leicht anschlagen. Restliche Zutaten beimengen. Auf ein Blech mit Backpapier geben und bei 170 °C 12 Minuten bei Umluft backen.

BUTTERMILCHGELEE: Buttermilch mit Staubzucker und Zitrone verrühren, geschmolzene Blattgelatine einrühren, auf ein Blech mit Frischhaltefolie gießen und kalt stellen.

BUTTERMILCHCREME: Buttermilch, Crème fraîche, Staubzucker, Zitronensaft und -abrieb vermengen. Geschmolzene Blattgelatine einrühren und kalt stellen.

» WEINEMPFEHLUNG:

CHARDONNAY BEERENAUSLESE 2004
Weingut Hans Tschida
Illmitz, Neusiedler See, Burgenland
Hellgelb, im Duft nach Melonen und Honig mit schöner Frische am Gaumen. Eine sehr fein und angenehm zu trinkende Beerenauslese mit typischem Chardonnay-Charakter.

www.angerhof-tschida.at

» PROFITIPP:

Geschmolzene Blattgelatine nie direkt in die Masse geben! Erst einen Teil der Masse mit der geschmolzenen Gelatine anrühren.

Christian Silmbroth, Küchenchef

STEFAN LASTIN LIEBT DIE HERAUSFORDERUNG. ETWA JENE, SICH IN EINEM GEWERBEGEBIET AN DIE SPITZE DER KÄRNTNER NAHRUNGSKETTE ZU KOCHEN. KONKRET: IN **FRIERSS FEINEM HAUS**.

LAST(IN) MAN STANDING

Was vielen Top-Köchen die Schweißperlen auf die Stirn getrieben hätte, war für Stefan Lastin keine große Sache. Nämlich die 3-Hauben-Küche des „Schlosshotels Velden“, in der er in kurzer Zeit kulinarisch Großes vollbrachte, mal einfach so gegen eine in Villachs Gewerbezeile einzutauschen. Dort hat die Traditionsfleischerei Frierss ihren Sitz, und seit 2013 mit dem 33-jährigen Lastin ein geerdetes Kreativgenie in der Küche von „Frierss Feinem Haus“. Im Gourmetrestaurant „Feines Eck“ läuft Lastin zur kulinarischen Hochform auf, brilliert mit Variationen von Saibling oder Kalb, setzt aber auch internationales Edelgetier wie Taube perfekt in Szene. Eine Küche, so leicht, modern und authentisch, wie sie nur wenige beherrschen. Falstaff 2014 verlieh Lastin dafür 96 von 100 Punkten und den Titel „Aufsteiger des Jahres“, Gault Millau 2 Hauben.

VILLACHS **FEINSTES HAUS**

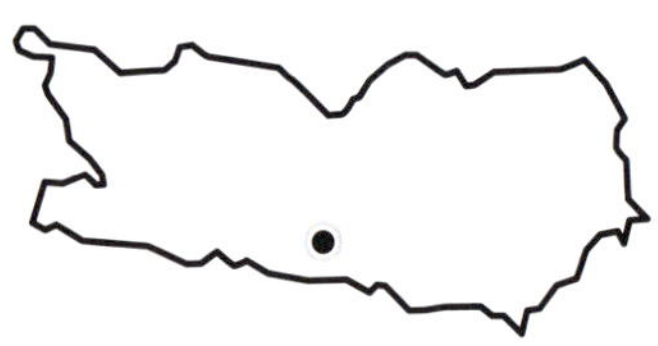

Frierss Feines Haus
Gewerbezeile 2a
A-9500 Villach
Tel.: +43 (0) 4242/30 40 45
E-Mail: feineshaus@frierss.at
www.feines-haus.at

Mut kann man nicht kaufen, Mut hat man. Andrea Frierss bewies ebensolchen, als sie entschied, das Naheliegende mit dem Schmackhaften zu verbinden, und ein einzigartiges Shop-in-Restaurant-Konzept verwirklichte. „Frierss Feines Haus" vereint Fleischabholmarkt, Feinkostshop, Casual- und Fine-Dining-Restaurant unter einem modernen Dach. Tagsüber bespielt der Herr über die carinthische Variante des New Yorker Meat-Packing-District, Stefan Lastin, das „Feine Haus" leger mit dem Besten, was hauseigene Fleischerei und nahe Seen so hergeben. Abends lassen er und Sous Chef Thomas Maierbrugger die Fine-Dining-Puppen im „Feinen Eck" tanzen. Und zwischendurch? Da tüftelt Lastin an seinen Gewürzmischungen. Die man praktischerweise gleich aus dem Feinkostshop mit nach Hause nehmen kann.

SCHWIERIGKEITSGRAD: LEICHT | **ZUBEREITUNGSZEIT:** 1 STUNDE (OHNE MARINIERZEIT)

LAUWARM GEBEIZTE LACHSFORELLE

MIT WIESENKRÄUTERFOND UND BABY-ARTISCHOCKEN

FÜR 4 PERSONEN:

GEBEIZTE LACHSFORELLE:
800 g Lachsforellenfilet, zugeputzt und entgrätet
100 g Fischbeizgewürz
30 g brauner Zucker
10 g Sternanis
10 große Basilikumblätter
300 ml L'Aspromontano-Olivenöl (erhältlich im Frierss Feinen Haus)

KERBELWURZELCHIPS:
1 Kerbelknolle
200 ml Pflanzenfett zum Frittieren
Salz

KERBELWURZELCREME:
300 g Kerbelwurzeln
100 ml trockener Weißwein
300 ml Kerbelwurzelsaft
Salz, grüner Kardamom, Olivenöl

BABY-ARTISCHOCKEN:
300 ml L'Aspromontano-Olivenöl
2 Zitronen
3 Zweige Thymian
6 Stk. Baby-Artischocken
500 ml Geflügelfond
Meersalz

WIESENKRÄUTERFOND:
125 ml Artischockenschmorfond
125 ml Tomatenfond
65 ml Fischfond
1 EL Knoblauch
2 EL Fenchelpüree
3 EL Zwiebelpüree
2 EL Selleriepüree
Schnittlauchöl
Petersilien-Liebstöckelpüree, Schalotten
Thymian, Meersalz, Basilikum
Liebstöckel mit Wurzel

GEBEIZTE LACHSFORELLE: Die Filets mit der Fleischseite nach oben in ein halb hohes Gefäß legen, mit der Gewürzmischung, Zucker und Sternanis bedecken und mit Klarsichtfolie verschließen. Im Kühlschrank 24 Stunden marinieren lassen. Herausnehmen und mit einer kleinen Palette von den Gewürzen befreien, mit Küchenkrepp trocken tupfen, in gleichmäßige Stücke portionieren und von der Haut schneiden. Das Olivenöl auf 65 °C erhitzen, die Basilikumblätter und den Fisch zugeben und 4 bis 6 Minuten ziehen lassen.

KERBELWURZELCHIPS: Kerbelwurzeln gut waschen. Nicht schälen! Mit der Aufschnittmaschine in ganz feine Scheiben schneiden, in Pflanzenfett bei 140 °C knusprig ausbacken, auf Küchenkrepp legen und leicht salzen.

KERBELWURZELCREME: Die Kerbelwurzeln schälen, klein schneiden und in Olivenöl ohne Farbe anschwitzen. Mit etwas trockenem Weißwein ablöschen, Salz und etwas grünen Kardamom zugeben. Wein ganz einreduzieren lassen, mit frisch entsaftetem Kerbelwurzelsaft aufgießen und weich kochen lassen. Mit dem Stabmixer oder der Moulinette fein mixen und durch ein feines Sieb streichen.

BABY-ARTISCHOCKEN: Die Artischocken putzen und in Olivenöl mit Zitronenschale, Meersalz und Thymian anschwitzen. Mit Geflügelfond auffüllen und weich schmoren.

WIESENKRÄUTERFOND: Alle Zutaten gemeinsam aufkochen lassen und vor dem Servieren leicht mit Meersalz abschmecken.

» WEINEMPFEHLUNG:

SAUVIGNON BLANC LEON 2011
Rebenhof Hartmut Aubell
Ratsch a. d. Weinstraße, Südsteiermark
Auf 12,5 Hektar Rebfläche baut Hartmut Aubell naturnah Weine an. Seine Top-Lagen bringen elegante, sortenreine Weine hervor, die klassisch steirisch, also auch im großen Holzfass, zu Spitzenqualität reifen können.
www.rebenhof.at

» PROFITIPP:

Dieses Gericht können Sie auch mit sämtlichen anderen Süßwasserfischen zubereiten.
Stefan Lastin, Küchenchef

SCHWIERIGKEITSGRAD: SCHWER | **ZUBEREITUNGSZEIT:** 1 ½ STUNDEN (OHNE RUHEZEITEN)

SOUFFLIERTE TAUBENBRUST

MIT EINGELEGTEM SALZIGEM RHABARBER

SOUFFLIERTE TAUBENBRUST: Die Taubenbrust von Fett und Sehnen befreien, die Brust ungefähr einen halben Zentimeter dick mit der Farce gleichmäßig bestreichen. Die Kräuterseitlinge in 2 Millimeter dicke Scheiben schneiden, fächerförmig auf die eingestrichene Brust kleben und mit der geklärten Butter einstreichen. Bei 160 °C 4 Minuten in den Ofen schieben, dann herausnehmen und 3 Minuten rasten lassen.

TASMANISCHER-PFEFFER-SAUCE: Die Schalotten in Butter mit den Gewürzen langsam anschwitzen, mit dem braunen Zucker karamellisieren, mit dem Alkohol ablöschen und auf die Hälfte reduzieren lassen. Mit Taubenjus auffüllen, aufkochen lassen und 25 Minuten bei kleiner Flamme ziehen lassen. Abseihen und im Thermomix bei 80 °C mixen. Das Blut langsam einrinnen lassen und etwa 8 Minuten weitermixen. Nochmals fein passieren und über Nacht rasten lassen.

BROKKOLICREME: Brokkoli samt Strunk klein schneiden und in der Butter langsam anschwitzen. Mit Noilly Prat ablöschen und einkochen lassen, mit Geflügelfond und Sahne auffüllen und weich schmoren. Im Thermomix fein mixen und mit Salz und Cayennepfeffer abschmecken.

SALZIGER RHABARBER: Zucker leicht karamellisieren, mit Portwein ablöschen und reduzieren lassen. Die restlichen Zutaten zugeben und 30 Minuten ziehen lassen, fein abseihen, nochmals aufkochen und den heißen Sud über die Stäbchen in ein Rexglas leeren. Verschließen und mindestens 2 Tage durchziehen lassen.

FÜR 4 PERSONEN:

SOUFFLIERTE TAUBENBRUST:
4 Étouffé-Taubenbrüste
250 g Geflügelfarce mit Tasmanischem Pfeffer
Taubengewürz
4 Kräuterseitlinge
100 ml geklärte Butter

TASMANISCHER-PFEFFER-SAUCE:
30 g Butter
130 g Schalotten, blanchiert
7 g Tasmanischer Pfeffer, gestoßen
2 g Kardamom
4 g Thymian
10 g brauner Zucker
70 ml Rotwein
70 ml roter Portwein
40 ml süßer Madeira
500 ml Taubenjus
55 ml Kalbsblut

BROKKOLICREME:
1 Stk. Brokkoli
150 g Butter
25 ml Noilly Prat
150 ml Sahne
65 ml Geflügelfond
Salz, Cayennepfeffer

SALZIGER RHABARBER:
20 g Rohrzucker
50 g Meersalz, grob
60 ml weißer Portwein
500 ml Rhabarbersaft
5 Stk. TK-Himbeeren
24 Rhabarberstäbchen
Kardamom, Tahiti-Vanille

» WEINEMPFEHLUNG:

CUVÉE CABERNET SAUVIGNON MERLOT 2011
Weingut Ernst Triebaumer
Rust, Neusiedler See

Im Barrique ausgebaute, tiefrubinrote Cuvée, in der Nase zarter Duft von Tabak, unterlegtes dunkles Beerenkonfit. Am Gaumen saftige Beerenfrucht, zarter Schokotouch, rassige Struktur und präsente Tannine.

www.triebaumer.com

» PROFITIPP:

Anstelle des Rhabarbers können Sie auch Birnen verwenden und die Taube durch ein Reh ersetzen.

Stefan Lastin, Küchenchef

SCHWIERIGKEITSGRAD: MITTEL | **ZUBEREITUNGSZEIT:** 2½ STUNDEN

GÄNSELEBER, ERDBEERE, PASTINAKE

GÄNSELEBER-ERDBEER-CANNELLONI: Den Zucker karamellisieren lassen, die Erdbeerwürfel zugeben und mit der Mélange Noire würzen. Erdbeersaft einkochen lassen, die Gelatine einweichen und unter die warme Erdbeermasse mengen. Mit Balsamico abschmecken, abkühlen lassen und, bevor die Masse zu stocken beginnt, auf Klarsichtfolie gießen. Zu Rollen von etwa 2 Zentimeter Durchmesser formen und im Kühlschrank richtig stocken lassen. Die gekühlten Rollen in 6 Zentimeter lange Stücke schneiden, diese auf die Terrine legen und mit einer Fingerpalette vorsichtig einrollen.

GEHOBELTE GÄNSELEBERSPLITTER: Terrine bei 0 °C lagern und vor dem Servieren auf einer groben Reibe auf den Teller hobeln.

ERDBEERGELEE: Den Saft erwärmen, Gelatine einweichen und im Saft auflösen. Leicht abkühlen lassen, 3 Millimeter hoch auf ein kleines Blech gießen und im Kühlschrank stocken lassen. Vor dem Servieren in 3,5 mal 7,5 Zentimeter große Quadrate schneiden.

PASTINAKENCREME: Die Pastinaken schälen und klein schneiden. In Butter farblos anschwitzen, mit etwas trockenem Weißwein ablöschen, Salz und etwas Cayennepfeffer zugeben. Wein ganz einreduzieren lassen und mit frisch entsaftetem Pastinakensaft aufgießen. Weich kochen. Mit dem Stabmixer oder der Moulinette fein mixen und durch ein feines Sieb streichen.

FÜR 4 PERSONEN:

GÄNSELEBER-ERDBEER-CANNELLONI:
4 Scheiben à 4 x 6 Zentimeter von der Gänseleberterrine
150 g Erdbeeren, gewürfelt
2 g Mélange Noir
10 g brauner Zucker
100 ml Erdbeersaft
1 Bl. Gelatine
2 Spritzer 8-jähriger Balsamico

GEHOBELTE GÄNSELEBERSPLITTER:
200 g Gänseleberterrine

ERDBEERGELEE:
200 ml Erdbeersaft
1,5 Bl. Gelatine

PASTINAKENCREME:
300 g Pastinaken
100 ml Weißwein, trocken
300 ml Pastinakensaft
Salz, Cayennepfeffer, Butter

ANRICHTEN:
Erdbeerchips
Pastinakenchips
Blüten
Balsamicosauce

» WEINEMPFEHLUNG:
RIESLING KABINETT „ÜRZIGER WÜRZGARTEN" 2012
Weingut Dr. Loosen
St. Johannishof, Mosel
Ein Spitzen-Riesling aus dem Weingut von Ernst Loosen an der Mosel, fein ausgeprägte Mineralität, elegant und kräftig. Ein idealer Aperitif und Begleiter von Meeresfrüchten und Geflügel.
www.drloosen.com

» PROFITIPP:
Selbstverständlich können Sie für dieses Gericht auch ungestopfte Gänseleber verwenden!
Stefan Lastin, Küchenchef

IM **LINDENHOF** STEHT MIT **CHRISTIAN REGITTNIG** EIN VIELFACH AUSGEZEICHNETER KULINARISCHER KREUZRITTER WIDER DAS DIKTAT SCHNELLLEBIGER TRENDS AM HERD.

RUHE IM STURM

Christian Regittnig ist das, was man einen Ausnahmekoch nennt. Weil er sich stets schnelllebigen Trends entzogen und dennoch eine zeitgemäße, charakteristische kulinarische Handschrift entwickelt hat. Und weil er in der mit zwei Gault-Millau-Hauben ausgezeichneten „Gourmetstube Lindenhof" seit Jahren die hohe Kunst des Understatements zelebriert. Sein Mantra: „Es muss nicht laut sein, damit es in Erinnerung bleibt." In bester Erinnerung bleiben Regittnigs Gästen vor allem seine Kreationen vom Kärntner Lax'n. Wie so vieles in Regittnigs Töpfen ein Slow-Food-Produkt der Region. Der Fokus und das handwerkliche Geschick, mit dem der Kärntner sich an „Rehrücken, Quinoa, Balsamico, Ribisel, Grieß" oder „Lavanttaler Ente, Fenchel, Thymian, Polenta" macht, beeindruckt. In der Ruhe liegt eben große kulinarische Kraft ...

Christian
Regittnig

FAMILIÄRE **KEIMZELLE DES GESCHMACKS**

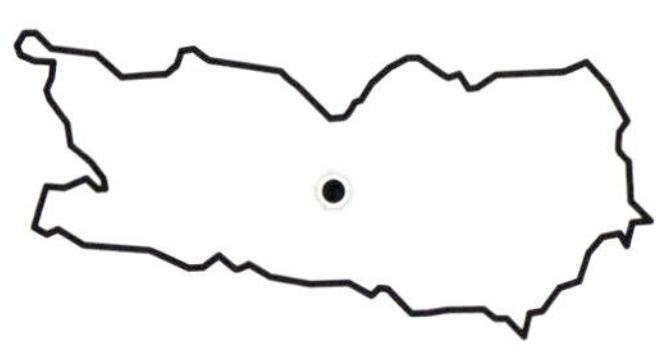

Gourmetstube Lindenhof
Kirchenplatz 2
A-9544 Feld am See
Tel.: +43 (0) 4246/22 74
E-Mail: urlaub@landhotel-lindenhof.at
www.landhotel-lindenhof.at

Abseits bekannter Kärntner Glamour-Hotspots führen Angelika und Hannes Nindler in fünfter Generation ein echtes Kleinod in den südlichen Nockbergen. Eingebettet zwischen dem Afritzer und dem Feldner See stellen die Nindlers im „Lindenhof" eindrucksvoll unter Beweis, wie detailverliebte, unverkitschte Seelenstreichlerei funktioniert. Und konzentrieren sich auf das, was sie am besten können: herzliche, aufgeschlossene Gastgeber im besten Wortsinn zu sein. Da stellt sich der Hausherr, sofern er seine Gäste nicht gerade mit Edlem aus dem bestens bestückten Weinkeller versorgt, persönlich als Rad-Guide zur Verfügung. Und Ehefrau Angelika beweist als gelernte Heilmasseurin nicht nur ein gutes Händchen für perfekten Service. Eine echte Offenbarung für Sportliche, Romantiker und Genussmenschen.

SCHWIERIGKEITSGRAD: LEICHT | **ZUBEREITUNGSZEIT:** 1 STUNDE

ZWEIERLEI VOM KÄRNTNER LAX'N

GEBEIZTER LAX'N: Pfeffer, Senfkörner, Koriander, Fenchelsamen und Sternanis grob zerstoßen und mit Meersalz und Zucker vermischen. Lax'nfilet damit beidseitig würzen und die in Streifen geschnittene Zitronen- und Orangenschale darüberstreuen. Mit gehacktem Dill bedecken und 24 Stunden zugedeckt im Kühlschrank marinieren lassen. Danach abspülen und weiterverarbeiten.

LAX'N-ROLLE: Für die Farce den Lax'n mit Sahne in der Küchenmaschine cremig mixen. Mit Salz, Pfeffer und Zitronensaft würzen und einen Schuss Noilly Prat dazugeben. Teigblätter auflegen und die Farce darauf verteilen. Lax'nstreifen und getrocknete Tomaten daraufsetzen. Teig am Rand mit Eiweiß bestreichen und zur Rolle formen. Im 140 °C heißen Öl etwa 3 Minuten goldbraun backen.

GURKENESPUMA: Gurke schälen und in Stücke schneiden. Mit dem Joghurt und den Gewürzen im Mixer fein pürieren. Masse durch ein feines Haarsieb passieren. Gelatine im kalten Wasser einweichen. Einen Teil der Gurkenmasse erwärmen und die Gelatine darin auflösen, dann zur restlichen Gurkenmasse geben. In eine 0,5-Liter-Sahneflasche geben. Kräftig schütteln und etwa 6 Stunden kalt stellen.

ANRICHTEN: Den gebeizten Lax'n in feine Scheiben schneiden und auf den Teller geben. Die Kresse mit etwas Essig und Öl marinieren und danebensetzen. Die gebackene Lax'nrolle anlegen. Den Espuma in ein kleines Glas füllen und auf den Teller stellen. Mit ein wenig Sauerrahmsauce und Forellenkaviar garnieren.

FÜR 4 PERSONEN:

GEBEIZTER LAX'N:
200 g Kärntner Lax'nfilet
300 g Meersalz
200 g brauner Zucker
8 g schwarzer Pfeffer
8 g Senfkörner
8 g Korianderkörner
8 g Fenchelsamen
8 g Sternanis
Schale einer halben Zitrone und Orange
100 g frischer Dill

LAX'N-ROLLE:
4 Stk. Frühlingsrollen-Teigblätter
100 g Lax'nfilet, in Streifen geschnitten
4 Stk. Tomaten, getrocknet
100 g Lax'nfilet, klein würfelig geschnitten und angefroren (ca. 35 Minuten)
80 ml Sahne, 1 Eiweiß, Öl
Salz, Pfeffer, Zitronensaft, Noilly Prat

GURKENESPUMA:
250 g Gurke
250 ml Naturjoghurt
5 Bl. Gelatine
20 g Dill, Salz, Pfeffer
iSi-Flasche und 2 iSi- Kapseln

ANRICHTEN:
frische Kresse
Sauerrahmsauce
Forellenkaviar, Essig, Öl

» WEINEMPFEHLUNG:
GRÜNER VELTLINER 2012 RIED TENN
Weingut Taubenschuss
Poysdorf, Weinviertel, Niederösterreich
Veltliner at its best! Ein finessenreicher, eleganter, trockener und würziger Veltliner, füllig, kraftvoll und wuchtig. Einer der absoluten Top-Weine des Weinviertels.
www.taubenschuss.at

» PROFITIPP:
Espuma vor dem Anrichten probieren. Sollte er zu kalt sein, einfach ein bisschen bei Zimmertemperatur stehen lassen.
Christian Regittnig, Küchenchef

SCHWIERIGKEITSGRAD: LEICHT | **ZUBEREITUNGSZEIT:** 45 MINUTEN

REHRÜCKEN IM QUINOAMANTEL

QUINOAMANTEL: Die klein gehackte Zwiebel in Butter anschwitzen, Quinoa dazugeben, mit Gemüsebrühe aufgießen und würzen. Auf kleiner Flamme zugedeckt weich dünsten (15 bis 20 Minuten) und überkühlen lassen. Anschließend das Ei und den Topfen unterrühren, sodass eine streichfähige Masse entsteht.

REHRÜCKEN: Den Rehrücken mit Salz und Pfeffer würzen, mit Senf bestreichen und in Öl rundherum anbraten. Aus der Pfanne nehmen und überkühlen lassen. Den Bratenrückstand mit Wildjus aufgießen und etwas einkochen lassen. Danach durch ein feines Sieb passieren. Das Schweinsnetz auf ein feuchtes Tuch ausbreiten. Den Rehrücken auf einer Seite mit der Getreidemischung (siehe Quinoamantel) bestreichen und daraufsetzen. Nun die anderen Seiten damit bestreichen und fest einrollen. Filet auf ein Backblech geben und im Ofen bei 160 °C etwa 12 Minuten braten (55 °C Kerntemperatur). Aus dem Ofen nehmen und zugedeckt ruhen lassen.

GRIESSKNÖDERL: Milch, Butter und die Gewürze aufkochen, den Grieß einlaufen lassen und dabei ständig rühren, bis sich die Masse vom Topf löst. Etwas überkühlen lassen. Die Eier vermischen und unter die Masse rühren. Dann kleine Knöderl formen und im Salzwasser kochen. Anschließend in etwas Butter leicht anbraten.

ANRICHTEN: Die Bohnen in Rauten schneiden, in Salzwasser bissfest kochen und in Butter schwenken. Den Rehrücken in Scheiben schneiden. Mit der Sauce einen Spiegel setzen und das Fleisch darauf platzieren. Die Grießknöderl und die Bohnen auf dem Teller verteilen und mit dem Thymianzweig und frischen Brombeeren garnieren.

FÜR 4 PERSONEN:

QUINOAMANTEL:
½ Zwiebel, gehackt
1 EL Butter
70 g Quinoa
300 ml Gemüsebrühe
70 g Topfen
1 Ei
Salz, Pfeffer

REHRÜCKEN:
400 g Rehrücken, zugeputzt
1 Schweinsnetz
250 ml Wildjus
Salz, Pfeffer, Senf, Öl

GRIESSKNÖDERL:
250 g Grieß
100 g Butter
500 ml Milch
3 Eier
Salz, Muskatnuss
etwas Butter zum Braten

ANRICHTEN:
½ Pck. breite Bohnen
1 EL Butter
Thymian
frische Brombeeren

» WEINEMPFEHLUNG:
ZWEIGELT RADELLO 2011
Weingut Radl
Bruck a. d. Leitha, Carnuntum
Ein sortentypischer Zweigelt mit schönen, kirschigen Fruchtnoten. Vollmundig und kräftig, ein idealer Begleiter von Wildgerichten.
www.radlwein.com

» PROFITIPP:
Zu diesem Gericht passen auch hervorragend frische Steinpilze oder Eierschwammerl.
Christian Regittnig, Küchenchef

SCHWIERIGKEITSGRAD: MITTEL | **ZUBEREITUNGSZEIT:** 1 ½ STUNDEN

SÜSSES VOM GRAFENSTEINER APFEL

APFELPARFAIT: In einen Eierkarton kleine Löcher schneiden. Aus Backpapier dreieckige Schablonen schneiden und mit geschmolzener Kuvertüre bestreichen. Dreiecke zu Spitzformen drehen und mit der Spitze in den Eierkarton stecken. Tiefkühlen. Eigelb, Ei und Zucker über Dampf schaumig schlagen, danach kalt schlagen und das Apfelpüree einrühren. Sahne aufschlagen und unter die Masse heben, dann in die Schokotüten füllen. Erneut einfrieren.

APFELMOUSSE: Ei mit Zucker über Dampf schaumig rühren und kalt schlagen. Mascarpone und das Apfelpüree einrühren. Die eingeweichte Gelatine auflösen und mit geschlagener Sahne unter die Masse heben. Die Mousse auf die gelierten Apfelperlen geben und kalt stellen.

APFELSULZE: Wasser mit Vanille und Zucker aufkochen, Apfelperlen zugeben und etwas überkühlen lassen. Eingeweichte Gelatine darin auflösen. Die Masse bis zu einem Viertel in kleine Gläser füllen. Kalt stellen, bis die Masse geliert ist.

APFELNUDEL: Aus Mehl, einer Prise Salz, Wasser und Öl einen Nudelteig herstellen und rasten lassen. In der Zwischenzeit die Äpfel schälen und grob reiben. In einer Pfanne kurz andünsten. Mit den restlichen Zutaten vermischen. Den Nudelteig ausrollen und rund ausstechen. Die Fülle aus den restlichen Zutaten darauf verteilen und zusammenklappen. Den Rand andrücken und „grandln“ oder mit einer Gabel fest zusammendrücken. In Wasser etwa 10 Minuten kochen.

ANRICHTEN: Apfelnudel auf den Teller geben, etwas Butter darüberträufeln und mit Zimt bestreuen. Das Glas mit der Apfelmousse dazustellen. Das Parfait aus dem Papier lösen und auf den Teller geben. Mit frischen Früchten nach Belieben ausgarnieren.

FÜR 4 PERSONEN:

APFELPARFAIT:
1 Ei
2 Eigelb
80 g Zucker
200 g Apfelpüree
200 ml Sahne
etwas Kuvertüre
Eierkarton

APFELMOUSSE:
1 Ei
100 g Mascarpone
80 g Zucker
100 g Apfelpüree
2 Bl. Gelatine
200 ml Sahne

APFELSULZE:
1 Apfel, in Perlen ausgestochen
150 ml Wasser
25 g Zucker
1 Bl. Gelatine
Vanille

APFELNUDEL:
250 g Mehl
150 ml Wasser
2 EL Öl
2 Äpfel
40 g Biskuitbrösel
20 g Rosinen
20 g Zucker
30 g Nüsse
Salz

ANRICHTEN:
etwas geschmolzene Butter, Zimt
Früchte nach Belieben

» WEINEMPFEHLUNG:
TBA RSM RÖSLER 2010
Weingut Alex Schreiner
Gols, Neusiedler See
Wunderschöne Trockenbeerenauslese mit Noten von Schlehen, Rhabarber, Waldbeeren und Walnüssen. Eine saftig rotbeerige, süße Fruchtwelle.
www.alexs.at

» PROFITIPP:
Frischer Nudelteig lässt sich sehr gut einfrieren. Das gilt auch für die fertigen Nudeln.
Christian Regittnig, Küchenchef

SEIT **RICHARD HESSL** IM **HOTEL SCHLOSS SEEFELS** HOF HÄLT, STRÖMEN DIE GOURMETS IN SCHAREN HERBEI. ZU EINER WELTOFFENEN KULINARIK-AUDIENZ VOLL HEIMAT, HERZ UND HIRN.

HERRN HESSLS HERZ

London, Paris, Tokio? Langweilig! Richard Hessl entschied sich nach zwei Jahren am Herd des „Palais Schwarzenberg" in Wien Ende der 90er-Jahre gleich für das ganz große professionelle Abenteuer – und ging als Executive Chef des Luxus-Kreuzfahrers „Sun Vista" in Singapur an Bord. Nur das Herz des 43-jährigen Oberösterreichers schlug immer für seine Heimat. Lauter als jeder Schiffsmotor. Seine Rückkehr: ein Glücksfall für alle Gäste des „Hotels Schloss Seefels" und des Gourmetrestaurants „La Terrasse", die seit 2006 in den Genuss seiner mit zwei Gault-Millau-Hauben bedachten leichten und extravaganten Aromenküche kommen. Virtuos veredelt der kulinarische Grenzgänger nationale und internationale Spitzenprodukte. Ob Forelle, Jakobsmuschel, Kärntner Lamm oder Ibérico – auf Richard Hessls Tellern zeigen sie alle wahre imperiale Größe.

ZEITLOS
GEDIEGENE KOMFORTZONE

Es gibt Schlosshotels, und es gibt das 5-Sterne-Relais-&-Châteaux-Hotel „Schloss Seefels". Ein Haus, das in puncto Luxus und Gediegenheit definitiv in einer eigenen Liga spielt, und das völlig zu Recht zu den besten Adressen am See – und in ganz Österreich – zählt. Seit 1860 thront das im Neorenaissance-Stil erbaute Schloss auf einem Felsen über Kärntens größtem See, seit 1966 lässt der nationale und internationale Jetset hier ehrwürdig, gleichzeitig erfrischend und unkonventionell die Seele baumeln. Auf der fantastischen Sonnenterrasse, im Wellnessbereich, im Schlossgarten, auf dem eigenen Balkon mit Blick auf den See oder auf einer der drei kulinarischen Bühnen, die Richard Hessl und sein Team so fulminant bespielen. Unmöglich, sich nicht von dieser Melange aus imperialem Glanz und zeitgenössischem Lifestyle verzaubern zu lassen.

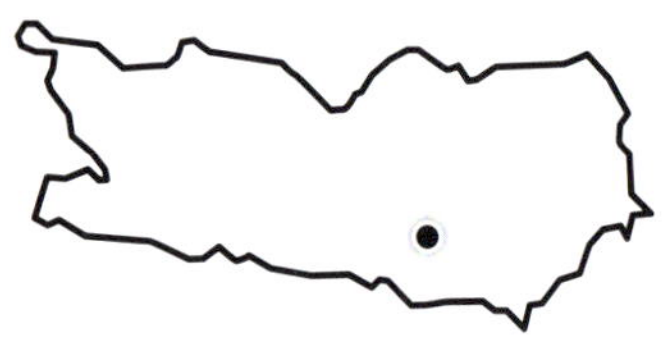

Hotel Schloss Seefels
Töschling 1
A-9212 Techelsberg am Wörther See
Tel.: +43 (0) 42 72/23 77
E-Mail: office@seefels.at
www.seefels.com

RELAIS & CHATEAUX

SCHWIERIGKEITSGRAD: MITTEL | **ZUBEREITUNGSZEIT:** 1 STUNDE

KANINCHEN-RÜCKENFILET

MIT SCHWAMMERLN, GRÜNEM SPARGEL UND KNUSPRIGEM PARMESAN

KANINCHENRÜCKEN: Die Kaninchenrücken auslösen und die Rückenfilets komplett zuputzen. Vor dem Braten mit Salz und Pfeffer gut würzen. In einer Pfanne Butter aufschäumen lassen und die Filets mit Thymian, etwas Rosmarin und einem kleinen Stück Knoblauch unter mehrmaligem Wenden sanft glasig braten. Nur kurz rasten lassen, in dünne Scheiben schneiden und sofort anrichten.

SCHWAMMERL: Die Schwammerl schneiden, ebenso die Schalotte und ein kleines Stück vom Knoblauch. In einer Pfanne Butter aufschäumen lassen, die Schwammerl kurz anbraten, dann die Schalotten und den Knoblauch dazugeben und kurz mitbraten. Nun mit dem Madeira und dem Weißwein ablöschen, mit Salz und Pfeffer würzen und die fein geschnittene Petersilie, Schnittlauch und die bereits gekochten und geschnittenen Spargelenden und Tomatenwürfel dazugeben. Mit dem Essig und dem Leinsamenöl marinieren und gut abschmecken. Lauwarm anrichten.

SPARGEL: Den grünen Spargel schälen und in sehr gut gesalzenem Wasser bissfest kochen. In Eiswasser abschrecken, damit er seine Farbe behält. Nun die Spitzen mit einer Länge von etwa 5 bis 6 Zentimetern abschneiden und mit etwas Leinsamenöl, Salz, Pfeffer, Zucker und Essig marinieren. Sofort danach anrichten. Die Spargelenden in feine Scheiben schneiden und zum Pilzsalat geben.

PARMESAN: Einen flachen Teller mit Klarsichtfolie abdecken. Mithilfe eines Metallausstechers (Durchmesser 5 bis 6 Zentimeter) 8 dünn mit Parmesan ausgestreute Kreise auf der Folie machen. Für 30 bis 35 Sekunden bei voller Leistung in der Mikrowelle knusprig backen. Kurz auskühlen und von der Folie ablösen.

ANRICHTEN: Den Jus mit einem Thymianzweig aufkochen, mit etwas kalter Butter binden und etwas davon auf den fertig angerichteten Tellern verteilen. Die Salate mit Salz, Pfeffer, Zirbenessig und Leinsamenöl leicht marinieren.

FÜR 4 PERSONEN:

KANINCHENRÜCKEN:
2 Stk. Kaninchenrücken
1 Knoblauchzehe
Salz und Pfeffer aus der Mühle
Butter, Thymian, Rosmarin

SCHWAMMERL:
160 g Eierschwammerl, Steinpilze, Maronenröhrlinge etc., geputzt
1 Schalotte
1 Knoblauchzehe
10 ml Madeira
10 ml Weißwein
1 Tomate, gehäutet, entkernt und in Würfel geschnitten
20 ml Zirbenessig
Petersilie und Schnittlauch, fein geschnitten
kalt gepresstes Leinsamenöl
Butter, Salz, Pfeffer

SPARGEL:
12 Stg. grüner Spargel
Salz, Zucker, Pfeffer
etwas Leinsamenöl
etwas Zirbenessig

PARMESAN:
100 g Parmesan, fein gerieben

ANRICHTEN:
100 ml Jus vom Kalb oder Geflügel
Thymianzweig, kalte Butterwürfel
fein gezupfte Salate
Essig und Öl zum Marinieren
Salz, Pfeffer, Zirbenessig
Leinsamenöl

» WEINEMPFEHLUNG:
GEORGIBERG SECRETO – PINOT GRIS 2011
Weingut Georgiberg
Berghausen, Südsteiermark
Duft nach Honig und weißen Blüten. Harmonisch rund am Gaumen, begleitet von feinen Karamellnoten. Balancierter Abgang.
www.weingut-georgiberg.at

» PROFITIPP:
Dieses Gericht können Sie auch mit Wachtel oder Maishähnchenbrust zubereiten.
Richard Hessl, Küchenchef

SCHWIERIGKEITSGRAD: SCHWER | **ZUBEREITUNGSZEIT:** 2 STUNDEN

GESCHMORTE LAMMSCHULTER

VOM TECHELSBERGER LAMM, MIT LAVANTTALER SPARGELGRÖSTL UND BÄRLAUCHSPINAT

LAMMSCHULTER: Die Lammschulter etwas zuputzen. Gut mit Salz und Pfeffer würzen und in einer Pfanne rundherum in Olivenöl anbraten. Bei 160 °C in den Backofen schieben, nach 10 Minuten wenden und für weitere 10 Minuten braten. Dann aus dem Ofen holen und das Fett abgießen. Schalotten und den Knoblauch dazugeben und für weitere 8 Minuten ins Rohr geben. Die Butter hinzufügen und mit dem Wasser für weitere 5 Minuten ins Rohr geben. Nun die Schulter so legen, dass sie mit der Oberseite aufliegt und im 5-Minuten-Rhythmus mit der sich bildenden Sauce übergießen, damit die Schulter schön glaciert wird. Sollte der Fettgehalt zu hoch werden, etwas Wasser dazugeben. Nach weiteren 25 bis 30 weiteren Minuten sollte die Schulter weich und schön glaciert sein. Zur Probe das Schulterblatt herausziehen, das sollte leicht gehen, dann ist die Schulter fertig. Die Schulter in Alufolie einpacken und warm halten. Die Bratenrückstände auf den Herd stellen, mit Weißwein ablöschen und aufkochen lassen, bis die Sauce eine sämige Konsistenz hat und das Fett in der Sauce gebunden sein. Tritt das Fett aus, mit etwas Wasser verlängern. Mit Salz, Pfeffer und einem kleinen Schuss Zitronensaft abschmecken, durch ein feines Sieb abseihen und sofort servieren.

SPARGELGRÖSTL: Denn geschälten Spargel in mit Salz, Zucker und Zitrone gewürztem Wasser sehr bissfest kochen. Sofort abkühlen. 5 Zentimeter Spitzen abschneiden, die Enden in dünne Scheiben schneiden. Die Kartoffeln mit Salz, Kümmel und Wasser aufsetzen. Weich kochen, abseihen, schälen und in Scheiben schneiden. Die Schalotte und den Knoblauch klein schneiden. Öl in einer Pfanne erhitzen und die Kartoffelscheiben schön knusprig braten, dann die Schalotten und den Knoblauch, etwas Majoran und Kümmel dazugeben. Kurz vor dem Servieren den Spargel dazugeben und kurz mitbraten. Mit Schnittlauch, Petersilie, Salz und Pfeffer vollenden.

BÄRLAUCHSPINAT: Den Spinat putzen und gut waschen. Den Bärlauch waschen und klein schneiden. Die Schalotten und den Knoblauch ebenfalls klein schneiden. In einer Pfanne die Butter zergehen lassen und aufschäumen. Den Spinat dazugeben und kurz zudecken, damit der Spinat zusammenfällt. Jetzt die Schalotten, den Knoblauch und den Bärlauch dazugeben und gut durchschwenken. Mit Salz und Pfeffer würzen, mit den Pinienkernen vollenden. Sofort anrichten.

FÜR 4 PERSONEN:

LAMMSCHULTER:
1 kg Lammschulter
250 g Butter
3 Schalotten, geschält und grob geschnitten
2 Knoblauchzehen, geschält
125 ml Weißwein
250 ml Wasser
Thymian, Rosmarin
etwas Olivenöl
Salz, Pfeffer, Zitronensaft

SPARGELGRÖSTL:
500 g weißer Spargel, geschält
500 g Kartoffeln, festkochend
1 Schalotte, geschält
1 Knoblauchzehe, geschält
Petersilie und Schnittlauch, fein geschnitten
1 Zitrone
Butter, Öl, Majoran, Pfeffer
Kümmel, Salz, Zucker

BÄRLAUCHSPINAT:
300 g Blattspinat, frisch
150 g Bärlauch, frisch
1 Schalotte, geschält
1 Knoblauchzehe, geschält
50 g Pinienkerne, geröstet
50 g Butter, Salz, Pfeffer

» WEINEMPFEHLUNG:
SCHLOSS SEEFELS SELEKTION 2011
Weingut Römerhof, A. Kollwentz
Großhöflein, Burgenland
22 Monate gereifte Cuvée aus Blaufränkisch, Zweigelt und Cabernet Sauvignon. Ein perfekter Speisenbegleiter zu diesem würzigen Lammgericht.
www.kollwentz.at

» PROFITIPP:
Das Gröstl schmeckt auch wunderbar mit grünen Bohnen oder Paprika und Zucchini.
Richard Hessl, Küchenchef

SCHWIERIGKEITSGRAD: MITTEL | **ZUBEREITUNGSZEIT:** 3 STUNDEN

SOUFFLIERTE LAVANTTALER MARILLE

MIT MANDELSABAYON UND MANDELEIS

FÜR 4 PERSONEN:

SOUFFLIERTE MARILLE:
4 Marillen
30 g Zucker
20 ml Marillenschnaps
100 ml Marillensaft
etwas angerührte Stärke zum Binden
Butter, Zucker

TOPFENSOUFFLÉ:
150 g Topfen
20 ml Marillenschnaps
90 g Zucker
3 Eigelb
3 Eiweiß
Vanillezucker
etwas Salz
Zitronenzesten, Orangenzesten

MANDELEIS:
500 ml Milch
500 ml Sahne
12 Eigelb
40 ml Amaretto
50 ml Mandelsirup Monin
150 g Zucker
500 g frisch geröstete Mandelscheiben

MANDELSABAYON:
2 Eigelb
125 ml Riesling
30 ml Mandelsirup
10 ml Amaretto
½ Zitrone, Saft
etwas Zucker

SOUFFLIERTE MARILLE: Die Marillen halbieren und die Kerne entfernen. 4 Hälften ganz lassen. Die restlichen 4 Hälften in kleine Würfel schneiden. Zucker in einer Pfanne zergehen lassen und leicht karamellisieren. Mit dem Marillenschnaps ablöschen und mit dem Marillensaft aufgießen. Etwas einkochen lassen. Nun die ganzen Marillenhälften kurz mitköcheln lassen. Herausnehmen und beiseitestellen. Die Würfel in den Saft geben und ebenfalls weich kochen. Wenn nötig, mit etwas Stärke abziehen. Passende Weckgläser mit Butter und Zucker ausbuttern. Etwas von dem klein geschnittenen Ragout hineingeben, dann die halben Marillen daraufsetzen. Zum Schluss mit der Topfenmasse großzügig abdecken und im Rohr im Wasserbad bei 180 °C etwa 20 Minuten backen. Sofort servieren, damit die Soufflémasse nicht zusammenfällt.

TOPFENSOUFFLÉ: Den passierten Topfen mit den Eigelben, dem Marillenschnaps und Zucker glatt rühren. Den mit Salz steif geschlagenen Schnee unterheben und mit Vanillezucker und den Zesten aromatisieren.

MANDELEIS: Die Milch, Sahne, Eigelbe, Amaretto, weißen Mandelsirup und den Zucker zur Rose abziehen. Einen Teil der Mandelscheiben hinzufügen und 2 Stunden ziehen lassen, dann abpassieren und frieren. Kurz bevor das Eis fertig gefroren ist, die übrig gebliebenen Mandelscheiben dazugeben und ganz kurz mitfrieren.

MANDELSABAYON: Die Eigelbe mit allen restlichen Zutaten über Wasserdampf schaumig schlagen.

» WEINEMPFEHLUNG:

AYALA BRUT MAJEUR
WeinArt Wolf
Attersee, Oberösterreich
Ein exklusiver Schaumwein aus dem Champagnerhaus Ayala, bestehend aus den Rebsorten Pinot noir, Chardonnay und Pinot Meunier.
www.weinart.at

» PROFITIPP:

Beim Aufschlagen des Eiweißes darauf achten, dieses nicht zu überschlagen, damit die Masse schön aufgeht und nicht zusammenfällt.
Richard Hessl, Küchenchef

KULINARISCHER GIPFELSTURM GANZ OHNE SCHNICK UND SCHNACK. WIE DAS GEHT, ZEIGT **HANS-PETER HAIDER** IM RESTAURANT DES **HOTELS12**.

GANZ OBEN AM BODEN

Einen bewussten Kontrast zu Art-déco-Schick, mächtigen Stahlkrieger-Skulpturen und dem Industrie-Style seiner Wirkungsstätte wollte Hans-Peter Haider setzen, als er vor zwei Jahren das Küchenzepter im „Hotel12“ übernahm. Bodenständig und nachvollziehbar, österreichisch-alpenländisch, schnörkellos und trotzdem zeitgemäß zu kochen: Das war das Ziel des gebürtigen Tirolers, Ex-Berliners und Wahl-Kärntners. Ganz nach dem Motto: dem Himmel nahe kochen – ja; abheben – nein. Mittlerweile gilt Haiders „restaurant12“ als Pilgerstätte für alle, die Kunst lieben, es kulinarisch aber ungekünstelt, strikt regional und saisonal mögen. Klare Aromen, frische Zutaten und unverfälschte Zubereitung sind die Heilige Dreifaltigkeit der Haider'schen Küche, anbetungswürdig sein Spiel mit Tradition und Moderne. Schlicht. Und ergreifend.

THE **ART OF HIGH LIFE**

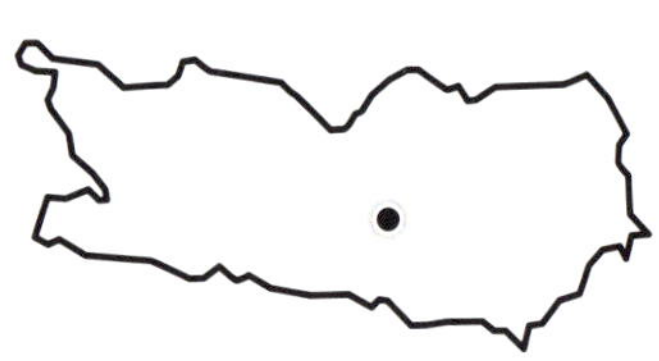

Hotel12
Gerlitzenstraße 55
A-9551 Bodensdorf
Tel.: +43 (0) 42 48/29 621
E-Mail: info@hotel12.at
www.hotel12.at

Walter Junger zählt zu jener Sorte Mensch, die über die Gabe verfügt, aus einem unscheinbaren Haus einen Ort zu machen, den man – einmal angekommen – nie wieder verlassen will. Das „Hotel12“ ist so ein Ort. Einst Berggasthof, seit 2011 Lebens- und Kunstraum auf 1750 Meter Seehöhe, mit dem sich der Ex-Hotelmanager einen Lebenstraum erfüllt hat. Ein minimalistischer, extravaganter Traum, gelegen an der zwölften Kehre der Gerlitzenstraße, mit zwölf Zimmern und Suiten, gestaltet von zwölf internationalen Künstlern von Beijing bis New York. Kulinarik, Kunst, Natur und Design fügen sich im „Hotel12“ zu einem in Österreich einzigartigen Gesamtkunstwerk. Gemacht für Menschen, die Individualität, Persönlichkeit, Höhenluft und die alles andere als alltägliche Aussicht auf Ossiacher, Wörther- und Faaker-See schätzen.

SCHWIERIGKEITSGRAD: LEICHT | **ZUBEREITUNGSZEIT:** 20 MINUTEN

BIRNEN-SELLERIE-SCHAUMSUPPE

MIT DRAUTALER KÄSESEGEL

FÜR 4 PERSONEN:

BIRNEN-SELLERIE-SCHAUMSUPPE:
2 Birnen
1 l Gemüsefond
½ Sellerieknolle
250 ml Süßrahm
1 Zwiebel
1 EL Öl
Salz, Pfeffer aus der Mühle
Knoblauch
Kartoffelstärke zum Binden

KÄSESEGEL:
100 g Drautaler Käse

BIRNEN-SELLERIE-SCHAUMSUPPE: Die Zwiebel, die Birnen und den Sellerie schälen, in kleine Würfel schneiden und in Öl leicht anschwitzen. Mit Salz und Pfeffer würzen, Knoblauch zugeben und mit dem Gemüsefond aufgießen. Leicht köcheln lassen, bis der Sellerie weich gedünstet ist. Fein mixen und durch ein Sieb passieren. Süßrahm dazugeben und mit Kartoffelstärke binden.

KÄSESEGEL: Für die Käsesegel den Käse grob reiben, auf ein Backblech mit Backpapier 4 Segelformen aufstreuen und im Salamander schmelzen lassen. Danach auskühlen lassen.

» WEINEMPFEHLUNG:

NEW STYLE 2012
Seewinkelhof Salzl
Illmitz, Burgenland

Dieser Chardonnay wurde 11 Monate im kleinen Eichenfass ausgebaut. Intensiv goldgelbe Farbe, elegante Nase mit exotischer Frucht. Toll eingebundene Röstaromen, cremig und lang im Abgang.

www.salzl.at

» PROFITIPP:

Um der Suppe das gewisse Etwas zu verleihen, vor dem Anrichten mit einer Prise Zimt abschmecken.

Hans-Peter Haider, Küchenchef

SCHWIERIGKEITSGRAD: LEICHT | **ZUBEREITUNGSZEIT:** 45 MINUTEN

GEBACKENE SCHWEINS-RÖLLCHEN

MIT GURKTALER LUFTGETROCKNETEM AM SPIESS
AUF ALMBÄRLAUCH-RAHMNUDELN

SCHWEINSRÖLLCHEN: Die Schweinsschnitzel sehr dünn klopfen, mit dem Luftgetrockneten auslegen und ganz eng einrollen. In Mehl, Ei und Semmelbröseln panieren, wobei der Vorgang bei Ei und Bröseln zwei Mal wiederholt werden sollte. Im heißen Öl herausbacken und 6 bis 8 Minuten im Backofen bei 170 °C durchziehen lassen.

ALMBÄRLAUCH-BANDNUDELN: Bandnudeln etwa 10 bis 12 Minuten bissfest kochen. Bärlauch und Knoblauch in Öl ganz kurz anschwitzen, mit Sahne aufgießen und die Bandnudeln dazugeben. Eventuell mit Salz und Pfeffer abschmecken.

ANRICHTEN: Die Schweinsröllchen halbieren, auf den Spieß aufstecken und mit den Bärlauch-Bandnudeln servieren.

FÜR 4 PERSONEN:

SCHWEINSRÖLLCHEN:
4 Schweinsschnitzel, à 150 g
8 Scheiben Gurktaler Luftgetrocknetes
1 Ei, Öl
Semmelbrösel
Mehl

ALMBÄRLAUCH-RAHMNUDELN:
400 g Bandnudeln
100 g Bärlauch
250 ml Sahne
Salz, Pfeffer, Öl
Knoblauch

ANRICHTEN:
4 Holzspieße

» WEINEMPFEHLUNG:

PANNOTERRA 2011
Seewinkelhof Salzl
Illmitz, Burgenland
Cuvée aus Blaufränkisch, Merlot, Zweigelt und Cabernet Sauvignon. Einladende reife Früchte, Noten von Zwetschken, Brombeeren und Schoko-Kirsch mit feiner Kräuterwürze. Ein dichter, eleganter, vollmundiger Wein.
www.salzl.at

» PROFITIPP:

Um den Schweinsröllchen richtig Geschmack zu verleihen, am besten Luftgetrocknetes mit hohem Fettanteil verwenden.
Hans-Peter Haider, Küchenchef

SCHWIERIGKEITSGRAD: LEICHT | **ZUBEREITUNGSZEIT:** 30 MINUTEN

SCHWARZBEER-DATSCHI

MIT VANILLE-THYMIAN-SCHAUM

FÜR 4 PERSONEN:

DATSCHIFÜLLE:
100 g Heidelbeeren
50 g Zucker
1 TL Rum

DATSCHI:
250 ml Milch
2 Eier
50 g Zucker
1 Pck. Backpulver
1 Pck. Vanillezucker
etwas Salz, Öl

VANILLE-THYMIAN-SCHAUM:
500 ml Milch
1 Vanilleschote
1 Stg. Thymian
150 g Zucker
1 Pck. Vanillezucker
Kartoffelstärke zum Binden

DATSCHIFÜLLE: Alle Zutaten gut miteinander vermischen.

DATSCHI: Alle Zutaten gut mit einem Schneebesen miteinander vermengen. Die Datschimasse mittels eines kleinen Esslöffels als runde Omeletts in eine heiße Pfanne mit Öl geben, die Fülle gleich darauf verteilen, auf beiden Seiten goldbraun backen und auf ein Küchentuch legen.

VANILLE-THYMIAN-SCHAUM: Für den Vanille-Thymian-Schaum die Zutaten etwa 15 Minuten köcheln lassen. Vanilleschoten und Thymianstange herausnehmen. Mit Kartoffelstärke binden und, wenn nötig, nochmals süßen.

ANRICHTEN: Die Schwarzbeerdatschi im Vanille-Thymian-Schaum anrichten und mit Staubzucker bestreuen.

» WEINEMPFEHLUNG:

BEERENAUSLESE 2012
Seewinkelhof Salzl
Illmitz, Burgenland
Sämling-88-Auslese mit feiner Fruchtaromatik nach Litschi, Grapefruit, Rosen und Kamille. Am Gaumen herrliches Süße-Säure-Spiel, animierend, elegant und fein.
www.salzl.at

» PROFITIPP:

Die Schwarzbeeren nicht in die Masse einrühren, sondern erst direkt beim Ausbacken auf die Masse geben.
Hans-Peter Haider, Küchenchef

IN ALTHOFEN WERKT MIT **GOTTFRIED BACHLER** EIN GANZ GROSSER SEINER ZUNFT. ALS PROBATESTE LOCKMITTEL FÜR DIE GÄSTE DES **RESTAURANTS BACHLER** GELTEN SEINE KÄSE.

DER KÄSE PAPST

Der Gault Millau plädierte einst dafür, Gottfried Bachler den Titel „Kärntens Gastrosoph" zu verleihen. Wohl wahr. Kaum ein anderer parliert so gekonnt über Zubereitung und Herkunft seiner Küchenschätze – allen voran Käse – wie der Althofener Ausnahmekoch. Denn obgleich Bachler bei Hirsch, Reinanke und Co. nach Jahren in der Gourmet-Oberliga immer noch mit haubengekrönter Bravour agiert: Beim Käse spielt der Maestro in einer eigenen, in Österreich einzigartigen Liga. Der französische Käsegott Bernard Antony höchstselbst beliefert Bachler, besonders am Herzen liegen ihm und seinen Gästen aber Rohmilchpreziosen, die eigens für ihn in der Region produziert werden. Da kommt man schon einmal in den Genuss eines Schimmelkäses, von dem es weltweit nur zwei Stück gibt. Wer da nicht dahinschmilzt, hat Käse nicht verdient.

PARADIES
DES ELABORIERTEN GENUSSES

Dass edler Wein und edler Käse bestens zusammengehen, dürfte hinlänglich bekannt sein. Dass diese Kombination aber keineswegs nur in Frankreich einen hohen Grad der Kultivierung erfährt, stellen Ingrid und Gottfried Bachler im idyllischen Althofen seit vielen Jahren sehr eindrucksvoll unter Beweis. Madame Bachler ist nämlich nicht nur eine höchst eloquente und charmante Patronne, sondern auch eine der besten Sommelièren ganz Österreichs und Herrin über einen Weinkeller, der ausgewiesenen Wein-Aficionados vor Freude die Tränen in die Augen treibt. Ingrid Bachlers kompetente vinophile Begleitung lässt Ehemann Gottfrieds schnörkellose Kreationen noch heller strahlen und macht die Jugendstilvilla am Fuße der geschichtsträchtigen Althofener Altstadt zu einer Feinschmecker-Destination der Extraklasse.

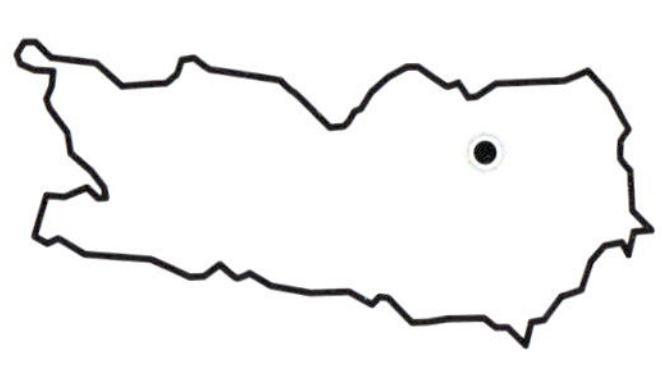

Restaurant Bachler
Silberegger Straße 1
A-9330 Althofen
Tel.: +43 (0) 42 62/38 35
E-Mail: restaurant@bachler.co.at
www.bachler.co.at

PORTO
1900
DOMAINE
DE SAOUBIS
Restaurant
Gottfried Bachler
Althofen

SCHWIERIGKEITSGRAD: LEICHT | **ZUBEREITUNGSZEIT:** 30 MINUTEN (OHNE ZIEHZEIT)

CARPACCIO VOM HIRSCHKALB

MIT CASALIVA, PECORARO-BALSAMICO UND BLAUSALZ

HIRSCHKALBSRÜCKEN: Das Fleisch sorgfältigst zuputzen, dabei alle Sehnen und Häutchen entfernen. Aus den restlichen Zutaten eine Marinade anrühren. Das Fleisch in die Marinade einlegen, sodass es komplett mit der Flüssigkeit bedeckt ist. Ungefähr 2 Stunden im Kühlschrank beizen, danach abtropfen und in eine Frischhaltefolie einlegen. Die Enden abdrehen und eine gleichmäßige Stange formen. Mindestens 8 Stunden frieren, danach feinblättrig aufschneiden.

ANRICHTEN: Das Fleisch auf jeweils einem großen Blatt Löwenzahnsalat anrichten und am Tisch mit dem Öl, dem Essig und dem Blausalz fertigstellen.

FÜR 4 PERSONEN:

HIRSCHKALBSRÜCKEN:
200 g Hirschkalbsrücken
1 TL gemahlener Kreuzkümmel
1 TL Senfpulver
2 Kapseln „Nespresso Ristretto India"

ANRICHTEN:
Olivenöl Veronelli, Serie „Casaliva"
Aceto Balsamico, 9-jährig,
Acetaia Pecoraro
persisches Blausalz
Löwenzahnsalat

» WEINEMPFEHLUNG:
CUVÉE „HIMMEL AUF ERDEN" 2012
Weingut Tschida
Illmitz, Burgenland
Eine vinophile Hommage an Alfred Hrdlicka. Im Duft zart nach Pfirsich, zeigt diese Cuvée auch eine schöne dunkle Note. Straffe, fokussierte Mineralik mit angenehm präsenter Säure sorgt für Balance und Nachhaltigkeit.
www.tschidaillmitz.at

» PROFITIPP:
Das Carpaccio vor dem Schneiden immer etwas antauen lassen, damit man schöne Scheiben schneiden kann.
Gottfried Bachler, Küchenchef

SCHWIERIGKEITSGRAD: LEICHT | **ZUBEREITUNGSZEIT:** 30 MINUTEN

FILETS VOM KÄRNTNER LAX'N

AUF TOPFENREINGALAN UND SAUCE VON MANGO MIT SENF

KÄRNTNER LAX'N: Die Gewürze miteinander vermischen und den Fisch kurz vor dem Braten damit einreiben. Den Fisch auf der Hautseite vorsichtig in Olivenöl braten, sodass er an der Oberseite noch leicht glasig wirkt.

TOPFENREINGALAN: Alle Zutaten gut miteinander vermengen, 10 Minuten rasten lassen und im Butter-Öl-Gemisch goldgelb herausbacken.

MANGO-SENF: Das Mangofleisch würfeln und mit dem Wein gemeinsam erhitzen. 10 Minuten dünsten. Danach aufmixen und mit dem Senf und den Gewürzen vorsichtig abschmecken. Eventuell etwas Palmzucker zugeben.

FÜR 4 PERSONEN:

KÄRNTNER LAX'N:
4 Filetstücke von der Kärntner Lax'n
Salz, Pfeffer
Zitronenthymian
getrocknete Hollerblüten
Olivenöl zum Braten

TOPFENREINGALAN:
250 g Bröseltopfen,
GR Görtschitztaler Milch
1 Ei
1 EL Mehl
1 El Grieß
Salz, Butter, Öl

MANGO-SENF:
2 Mangos, vollreif
125 ml Weißwein
3 EL Dijon-Senf
1 Msp. Chilipulver
Salz, Pfeffer, Palmzucker

» WEINEMPFEHLUNG:

CHARDONNAY-GRAUBURGUNDER
„ZWEI BUSSARDE" 2012
Weingut Karnburg, Kegley & Lexer
Leiten, Wörthersee
Der Texaner Sem Kegley und Georg Lexer bauen auf 6,5 Hektar Rebfläche Kärntner Wein erster Güte an. Eine ausbalancierte Cuvée mit schöner Frucht und ein echter Geheimtipp.
www.weingut-karnburg.eu

» PROFITIPP:

Beim Anrühren der Reingalan darf man auf die Ruhepause von 10 Minuten nicht vergessen. So bleiben sie nicht in der Pfanne kleben.
Gottfried Bachler, Küchenchef

SCHWIERIGKEITSGRAD: MITTEL | **ZUBEREITUNGSZEIT:** 1 STUNDE (OHNE RUHEZEITEN)

KOTELETTS VOM MAIBOCK

IN ROTWEINSAUCE MIT KASTANIENGNOCCHI UND GERÖSTETEN EIERSCHWAMMERLN

MAIBOCK-KOTELETTS: Die Koteletts zuputzen, also die Knochen von allen Häuten und Sehnen befreien, die Rehkrone von der äußeren Haut befreien und mit Salz, Pfeffer, Thymian und Rosmarin würzen. In einer feuerfesten Pfanne das Öl stark erhitzen, die Kronen einlegen und rundum knusprig anbraten. Danach bei verminderter Hitze weitergaren und am Schluss im Rohr rasten lassen. Das Fleisch sollte eine schöne Kruste haben, im Inneren sollte es rosa bleiben und der edle Fleischsaft darf nicht ausfließen.

ROTWEINSAUCE: Den Rotwein in eine sehr heiße Pfanne eingießen und warten, bis der Alkohol verdampft ist. Danach mit dem Rehfond aufgießen und auf die Hälfte reduzieren. Nach und nach die Gewürze beigeben und etwa 1 Stunde ziehen lassen. Die Gewürze abseihen und mit BASIC Textur binden.

KASTANIEN-GNOCCHI: Die Mehlsorten mit dem Salz sieben. Die Kartoffeln in wenig Wasser kochen, gut ausdampfen lassen und, nachdem sie ausgekühlt sind, durchpressen. Mehlmischung und gepresste Kartoffeln zu einem festen Teig verkneten. In Folie verpacken und im Kühlschrank mindestens 6 Stunden rasten lassen. Auf dem Nudelbrett den Teig zu fingerdicken Rollen ausrollen und mit einem Messer nussgroße Stückchen schneiden. Mit einer Gabel abziehen.
Danach in Salzwasser einkochen und warten, bis die Gnocchi an der Oberfläche schwimmen. Gut abtropfen und zum Servieren eventuell in etwas Butter schwenken.

GERÖSTETE EIERSCHWAMMERL: Die Schwammerl nur trocken putzen und quer zum Stiel schneiden. In einer Pfanne die Butter erhitzen und die Schalotten darin glasig anlaufen lassen. Die Schwammerl dazugeben, kurz rösten und würzen. Sie müssen unbedingt knackig bleiben. Mit dem Schnittlauch bestreuen und sofort anrichten.

FÜR 4 PERSONEN:

MAIBOCK-KOTELETTS:
12 Koteletts vom Maibock, sauber zugeputzt
Salz, Pfeffer, Thymian
Rosmarin
Öl zum Braten

ROTWEINSAUCE:
2,4 l Blauer Burgunder
2 l Rehfond
1–2 EL BASIC Textur
4 Gewürznelken
2 Stk. Sternanis
4 Pimentkörner, im Ganzen
1 TL Koriandersamen, geröstet
1 Zweig Rosmarin
1 Bund Zitronenthymian, Salz
Pfeffermischung (Tasmanischer Bergpfeffer und Assam-Langpfeffer)

KASTANIEN-GNOCCHI:
125 g Kastanienmehl
100 g Weizenmehl, Universal
400 g Kartoffeln, mehlig
½ TL Salz, Butter

GERÖSTETE EIERSCHWAMMERL:
320 g Eierschwammerl
1 EL Schalotten, fein gehackt
1 TL Schnittlauch, fein gehackt
Salz, Pfeffer
Butter zum Rösten

» WEINEMPFEHLUNG:

PINOT NOIR „JOISER LANGE OHN 03"
Weingut Konrad Hackl
Furth, Niederösterreich
Eine jahrhundertealte Geschichte haben die Lagen, die Konrad Hackl in Jois bewirtschaftet. Keine überkommenen Traditionen behindern die Konzentration auf das Wesentliche. Ein Pinot noir wie aus dem Lehrbuch!
www.konradhackl.at

» PROFITIPP:

Beim Zuputzen des Fleisches sollte man darauf achten, dass wirklich alle Häutchen, Sehnen und Fett entfernt werden.
Gottfried Bachler, Küchenchef

WIE LIEFERT MAN IN DEN RÄUMLICHKEITEN EINER BANK EINE OSCARREIFE FINE-DINING-PERFORMANCE AB? DAS WEISS KEINER BESSER ALS **THOMAS GUGGENBERGER**, DER IM **RESTAURANT OSCAR** DIE SINNE ZUM TANZEN BRINGT.

DER GENUSS VERLEIHER

Die Pfandbriefe an der Wand sind schöne Zitate an die Historie der an Thomas Guggenbergers Reich angrenzenden BKS Bank. In der Küche des haubengekrönten „Oscar" wird aber ausschließlich Genialität verliehen. Gerichten wie „Jakobsmuschel & Spargel" oder „Maibock & Morcheln" etwa. Guggenberger hob bereits den „Karnerhof" am Faaker See auf zwei Hauben und bezaubert mit seinem geradlinigen Stil seit drei Jahren in Klagenfurt. Mit seinem Vorbild Eckart Witzigmann verbinden ihn die Produktversessenheit und die Liebe zur Innerei. Witzigmanns Bries ist Guggenbergers Beuschel. Das setzt er im „Oscar" auch gerne auf die Karte. Fulminant sein Spiel mit Texturen und Aromen. „Kreativ, aber niemals abgehoben" lautet das Motto, unter dem seine feinsinnigen, auch optisch meisterhaften Kunstwerke über den Pass gehen.

ÖSTERREICHISCHE STAATS-RENTE-OBLIGATION
STEUERFREIE 4% ÖSTERREICHISCHE STAATS-RENTE-OBLIGATION ÜBER
ZEHNTAUSEND KRONEN
Thomas
Le Chef

(STIL-)SICHERE **GOURMET BANK**

Das Haus am St. Veiter Ring hat eine bewegte jüngere Geschichte hinter sich. Die unruhigen Zeiten sind aber endgültig vorbei, seitdem sich der Hausherr BKS Bank dem Schmuckstück annahm und dem „Oscar" optisch wie kulinarisch zu neuem Glanz verhalf. Der Spagat zwischen Gemütlichkeit und Moderne ist gelungen, die charakteristischen Blattgold-Leuchten, edles Holz und charmantes Cremeweiß sorgen für eine gediegene Atmosphäre, in der Küche- und Serviceteam zur Hochform auflaufen. Und zwar auch mittags, wenn das „Oscar" zum gepflegten Business-Lunch-Hotspot mutiert. Die bestens sortierte Weinkarte weiß versierten Freunden des Rebensaftes ein Lächeln ins Gesicht zu zaubern und das kompetente, herzliche Serviceteam sorgt dafür, dass man hier ganz locker direkt vom Lunch zum Dinner übergehen kann.

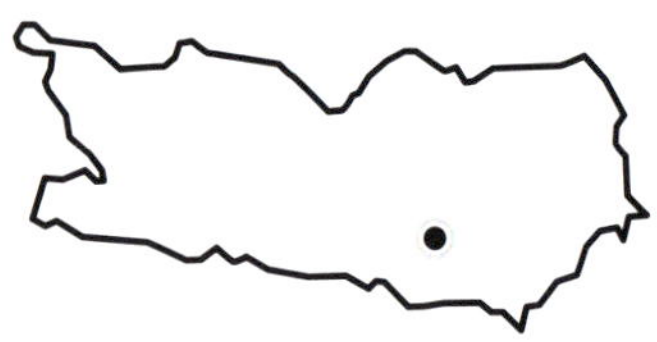

Restaurant Oscar
St. Veiter Ring 43
A-9020 Klagenfurt
Tel.: +43 (0) 463/50 23 00
E-Mail: oscar@a1business.at
www.oscar-restaurant.at

CHATEAU
MOULIN HAUT LAROQUE
FRONSAC 2008
MERLOT
LEOPOLD AUMANN
CLASSIC
HEINRICH
Zweigelt
2011
Thomas
Guggenberger
PIPER-HEIDSIECK
CHAMPAGNE

SCHWIERIGKEITSGRAD: LEICHT | **ZUBEREITUNGSZEIT:** 45 MINUTEN

RIND, MANDEL, LÖWENZAHN

FÜR 4 PERSONEN:

BEEF TATAR:
100 g Rindsfilet, geputzt
1 kl. geschälte Schalotte
1 kl. Essiggurke
1 Mokkalöffel Dijonsenf
1 TL Ketchup, 2 Kapern
1 Msp. Paprikapulver, edelsüß
2 EL Olivenöl, 1 Eigelb
einige Tropfen Tabasco
Meersalz, schwarzer Pfeffer

BEEF-CANNELLONI:
100 g Rindsfilet, geputzt
1 TL Mandeln, gehackt, geröstet
1 Tomate, geschält, entkernt
etwas Parmesan
250 g Löwenzahnsalat
Meersalz, schwarzer Pfeffer
Mandel- oder Walnussöl

MANDELCREME:
1 Eigelb
250 ml Walnuss- oder Mandelöl
2 EL Aceto Balsamico di Modena
½ Zitrone, davon der Saft
10 ml Amaretto
1 Msp. Dijonsenf
1 EL Sauerrahm
Meersalz, Cayennepfeffer

ANRICHTEN:
frische Kräuter
einige Spitzen Löwenzahnsalat
Olivenciabatta oder Weißbrot

BEEF TATAR: Schalotte und Gurke fein schneiden, mit dem gehackten Fleisch und den Gewürzen sowie Kapern, Senf und Ketchup abmischen und mit Olivenöl und dem Eigelb zur gewünschten Konsistenz bringen. Kleine Laibchen oder Nocken formen und kühl stellen.

BEEF-CANNELLONI: Das Rindsfilet zwischen zwei Lagen Frischhaltefolie so dünn wie möglich ausklopfen und mit Salz, Pfeffer und dem Mandel- oder Walnussöl marinieren. Die in Streifen geschnittene Tomate, den Löwenzahn, die gehackten Mandeln und den Parmesan auf dem Fleisch verteilen und so eng und fest wie möglich zu einer Rolle formen. Die Folie an beiden Enden verknoten und kühl stellen.

MANDELCREME: Das Eigelb mit Salz, Cayennepfeffer, Zitrone, Amaretto und dem Dijonsenf würzen und mit einem Stabmixer schaumig rühren. Danach das Walnuss- oder Mandelöl langsam unter ständigem Mixen beigeben, bis eine cremige Mayonnaise entstanden ist. Die Mayonnaise mit dem Sauerrahm und Aceto Balsamico zur gewünschten Konsistenz bringen.

ANRICHTEN: Das portionierte Beef Tatar und die in Scheiben geschnittenen Cannelloni auf der Mandelmayonnaise anrichten, mit Löwenzahn und frischen Kräutern garnieren und je nach Belieben mit Olivenciabatta oder Weißbrot servieren.

» WEINEMPFEHLUNG:

CUVÉE TERRA O.
Weingut J. Heinrich
Deutschkreutz, Burgenland
Kräftige Cuvée aus dem Barrique, rubinrote Farbe, am Gaumen Anklänge dunkler Beerenfrüchte, Nougat und feine Tannine. Eleganter Abgang.
www.weingut-heinrich.at

» PROFITIPP:

Nimmt die Mayonnaise kein Öl mehr auf, einfach etwas Rindssuppe, Kalbs- oder Hühnerfond beigeben.
Thomas Guggenberger, Küchenchef

SCHWIERIGKEITSGRAD: MITTEL | **ZUBEREITUNGSZEIT:** 30 MINUTEN

SEEFORELLE, APFEL, KREN

APFELPÜREE: Die Äpfel schälen, entkernen und in gleichmäßige Spalten schneiden. In kaltes Wasser mit etwas Zitronensaft legen. Die Reste, die beim Zuschneiden anfallen, in der aufgeschäumten Butter anglacieren, etwas Zucker beigeben und leicht karamellisieren lassen. Mit dem Apfelwein ablöschen, die Nelken und 4 bis 5 Safranfäden beigeben und zugedeckt bei niedriger Hitze weich dünsten. Danach auf ein feines Sieb leeren, die Nelken entfernen, den angefallenen Saft beiseitegeben und die Äpfel durch ein feines Sieb streichen.

APFELSCHAUM: Den beim Dünsten angefallenen Apfelsaft mit der Sahne und dem Weißwein aufkochen, mit Salz und Koriander würzen und vor dem Anrichten mit einigen kalten Butterflocken mit einem Stabmixer oder Schneebesen schaumig rühren.

KARTOFFELN: Die sauber gewaschenen Kartoffeln in Salzwasser und mit dem ganzen Kümmel weich kochen, schälen und in die gewünschte Form schneiden.

SEEFORELLE: Die gesäuberten, gezupften und vorportionierten Fischfilets salzen und mit Zitronensaft beträufeln. In die vorgeheizte Pfanne mit dem raffinierten (warm gepressten) Olivenöl geben und bei niedriger Hitze langsam auf der Hautseite braten. Wenn die Fischfilets am Rand beginnen durchzugaren, die Apfelspalten und Kartoffeln beigeben und leicht mitbraten. Kurz vor dem Anrichten salzen, pfeffern, die Butter, den Thymian und die Petersilie beigeben und mehrmals übergießen.

ANRICHTEN: Beim Anrichten die Äpfel und Kartoffeln auflegen, den Fisch darauf anrichten und das Püree nach Belieben auf dem Teller verteilen. Zum Schluss mit der aufgeschäumten Sauce, frischen Kräutern und dem frisch geriebenen Kren vollenden.

FÜR 4 PERSONEN:

APFELPÜREE:
4 Äpfel, Gala oder Kronprinz
50 ml Apfelwein (oder Calvados)
2 Nelken
1 Zitrone, Saft davon
Kristallzucker, einige Safranfäden
Butter

APFELSCHAUM:
125 ml Sahne
20 ml Apfelwein oder Weißwein
Koriander aus der Mühle
Butterflocken, Salz

KARTOFFELN:
4 Kartoffeln, festkochend
1 Msp. Kümmel, ganz

SEEFORELLE:
4 Seeforellenfilets, à 160 g
½ Zitrone, Meersalz
Olivenöl, Butterflocken
1 Zweig Thymian, Pfeffer
einige Blätter Blattpetersilie

ANRICHTEN:
frisch geriebener Kren
frische Kräuter

» WEINEMPFEHLUNG:
RIESLING LÖSSTERRASSEN 2012
Weingut Walter Buchegger
Kremstal, Niederösterreich
Ein eleganter Riesling, klassisch im Stahltank ausgebaut. Helles Gelbgrün, am Gaumen Noten von Pfirsich, Tropenfrüchten und Blütenhonig.
www.buchegger.at

» PROFITIPP:
Fisch immer erst so kurz wie möglich vor der Zubereitung salzen und säuern, da er sonst durch Wasserentzug durchgart.
Thomas Guggenberger, Küchenchef

SCHWIERIGKEITSGRAD: MITTEL | **ZUBEREITUNGSZEIT:** 30 MINUTEN

KALB, SPARGEL, SCAMORZA

SPARGEL: Den weißen Spargel schälen. Wasser mit Salz, Zucker und Zitrone zum Kochen bringen und den Spargel je nach Dicke etwa 3 Minuten kochen. Danach im Kochwasser erkalten lassen. Den grünen Spargel nur am unteren Drittel schälen, in gesalzenem Wasser kochen und sofort in Eiswasser abschrecken. In der Zwischenzeit das Backrohr auf 200 °C aufheizen.

KALBSRÜCKEN: Die Kalbssteaks zwischen zwei Lagen Frischhaltefolie so dünn wie möglich ausklopfen und dabei auf eine gleichmäßige, rechteckige Form achten. Den Scamorza in feine Scheiben schneiden und auf dem geklopften Kalbsfleisch verteilen. Danach den weißen Spargel auf Küchenpapier abtrocknen und eine Stange auf die untere Hälfte des Fleisches legen. Die in Streifen geschnittenen getrockneten Tomaten und einige Blätter Basilikum darauf verteilen, salzen und leicht pfeffern. Danach eine Rolle formen, an beiden Enden verknoten und kühl stellen. Die Rolle aus der Folie nehmen, eine Pfanne erhitzen, Olivenöl hineingeben und von allen Seiten anbraten. Anschließend die Pfanne für 5 Minuten in das heiße Rohr stellen. Die Roulade auf einen Teller legen, auf die offene Rohrtüre stellen und 5 Minuten rasten lassen. In der noch heißen Pfanne die gewaschenen Dattarini-Tomaten und den grünen Spargel langsam braten, salzen, pfeffern und zum Schluss den Rucola und einige Blätter Basilikum beigeben.

ANRICHTEN: Beim Anrichten das Kalbsröllchen in gleich große Stücke schneiden und auf dem Rucolasalat und den Tomaten mit kalt gepresstem Olivenöl servieren.

FÜR 4 PERSONEN:

SPARGEL:
4 Stg. weißer Spargel
4 Stg. grüner Spargel
½ Zitrone
Salz, Zucker

KALBSRÜCKEN:
4 Steaks vom Kalbsrücken, à 160 g
20 g Scamorza (italienischer geräucherter Käse)
10 g getrocknete Tomaten
1 Zweig Basilikum
100 g Rucola
je 4 rote und gelbe Dattarini-Tomaten
etwas Zucker
Salz, Pfeffer
Olivenöl

ANRICHTEN:
kalt gepresstes Olivenöl

» WEINEMPFEHLUNG:
GEORGIUM 2010
Weingut Georgium
St. Georgen, Längsee, Kärnten
Kräftige Cuvée aus Chardonnay und Weißburgunder. Goldgelbe Farbe, am Gaumen feine Marillen und Pfirsiche. Lang anhaltender Abgang.
www.georgium.at

» PROFITIPP:
Dieses Gericht eignet sich mit frischen Blattsalaten auch als leichte Vorspeise für sommerliche Menüs.
Thomas Guggenberger, Küchenchef

MANCHE ENTSPANNEN BEIM GOLF, **JOHANNES MUCHITSCH** STELLT SICH LIEBER IN DIE KÜCHE. UND DREHT IN SEINER **SCHLOSSVILLA MIRALAGO** GANZ TAMTAM-BEFREIT AUF.

EAT LOVE COOK

Als Johannes Muchitsch das erste Mal einen Fuß in die „Schlossvilla Miralago" setzte, entschied er: Hier bleibe ich. Erst einige Sommer lang als Dauergast, 2009 dann tauschte er seinen Beruf als Versicherungsmakler während der Sommermonate gegen den des Gastgebers und Küchenchefs des „Miralago" ein. Richtete eine Küche ein, holte seine Eltern als Inspirationsquelle mit an Bord und begeistert Gourmets seitdem mit seiner eigenen Vorstellung von Wörtherseeküche von Welt. Jede Form von Verkünstelung und Chichi auf dem Teller sind dem Autodidakten, der sich sein Wissen unter anderem in Restaurantküchen von Leonard Cernko und Silvio Nickol aneignete, fremd. Im „Miralago" zelebriert Muchitsch die Kunst des Weglassens. Das Ergebnis: eine aromenstarke Fusionsküche, puristisch, leidenschaftlich und der Welt zugewandt.

DER ZAUBER **UNANGESTRENGTER VOLLKOMMENHEIT**

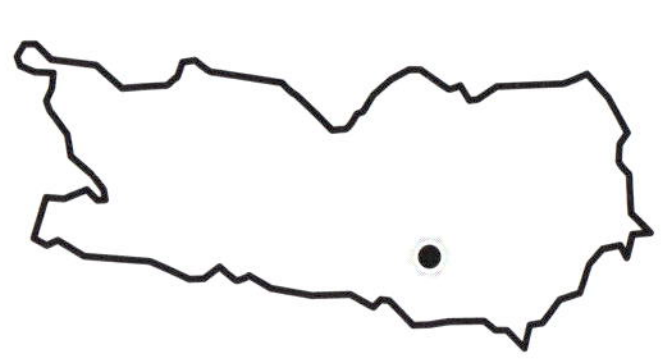

Schlossvilla Miralago
Hauptstraße 129
A-9210 Pörtschach am Wörthersee
Tel.: +43 (0) 42 72/24 30
E-Mail: office@miralago.at
www.miralago.at

Am Ende einer kleinen Kiesstraße, gesäumt von imposanten alten Bäumen, befindet sich mit der „Schlossvilla Miralago" ein mondänes, stilles Kleinod, an dem der Name – übersetzt bedeutet Miralago Seeblick – mehr als Programm ist. Der fantastische Seeblick ist zwar ein guter, aber bei Weitem nicht der einzige Grund, in Johannes Muchitschs stilvolles kleines Universum einzutauchen und sich nach allen Regeln der Kunst verwöhnen zu lassen. Fesselnd ist die Eleganz der Villa aus dem 19. Jahrhundert mit ihren wie aus der Zeit gefallenen, prächtigen Suiten und Zimmern, Wiener-Werkstätten-Möbeln und einer Loggia, die den Blick freigibt auf eine bezaubernde Parkanlage und das historische Bootshaus. In diesem architektonischen Juwel lässt sich Johannes Muchitschs unangestrengt perfekte Küche am besten ganz romantisch zu zweit genießen.

J. Muchitsch

SCHWIERIGKEITSGRAD: LEICHT | **ZUBEREITUNGSZEIT:** 1 ½ STUNDEN (OHNE MARINIERZEITEN)

FOIE GRAS D'OIE

ROH MARINIERT

GÄNSELEBER: Leber sorgfältig enthäuten und in Stücke teilen, um sie von Sehnen und Adern zu befreien. Süßwein auf 50 °C erwärmen, darin das Salz und das Pökelsalz gut auflösen. Madeira und etwas Whisky hinzufügen. In eine Sprühflasche füllen, die Leberstückchen Schicht für Schicht mit Pfeffer und Zucker würzen und mit der Marinade besprühen. Die restliche Marinade ebenfalls untermischen. Parüren durch ein feines Sieb passieren und ebenfalls untermischen. Vakuumieren und 48 Stunden bei etwa 14 °C marinieren lassen. Ab und zu mit den Fingerspitzen durchkneten. Noch im Vakuumbeutel in eine runde Form bringen, in Eiswasser durchkühlen und mindestens 3 Tage im Kühlschrank bei 0 bis 3 °C reifen lassen.

MANGO-GELEE: Für die Herstellung des Glucosesirups Traubenzucker mit dem Wasser aufkochen lassen, dann die klare Flüssigkeit in ein Messglas geben und mit kochendem Wasser wieder auf 100 Milliliter reduzieren. Die Mango schälen, mit etwas Sirup und einem Hauch Cayennepfeffer pürieren. Die Masse erwärmen und die Gelatine in die Masse geben. Eine flache Form mit Frischhaltefolie auslegen, das Mangopüree einfüllen und erkalten lassen. In Würfel schneiden.

GRANNY-SMITH-SORBET: Äpfel schälen, das Kerngehäuse entfernen, mit dem Limettensaft und etwas Glucosesirup mit dem Stabmixer pürieren, erwärmen und die Gelatine in der Masse auflösen. In einem Pacojet-Becher oder in der Eismaschine frieren.

BRIOCHE: Hefe und Zucker in eine Tasse geben. Mehl, Salz und die aufgelöste Hefe in der Rührschüssel mit einem Knethaken durchmischen. Die Butter löffelweise bei langsamen Touren zufügen, danach die Eier in die Mehl-Butter-Mischung geben und alle Zutaten auf schnellen Touren zu einem geschmeidigen Teig schlagen. Teig zu einer Kugel formen und im Dampfbackrohr etwa 1 Stunde bei 50 °C und 30 % Feuchtigkeit gehen lassen, bis sich das Volumen verdoppelt hat. Teig auf einem bemehlten Tisch mit den Händen kneten, zu einem Rechteck ausziehen, eng einrollen, mit der Abschlusskante nach unten in eine gebutterte und bemehlte Form legen und erneut im Ofen für 30 Minuten gehen lassen. Die Briocheoberfläche mit Eigelb bestreichen, Backofen auf 250 °C vorheizen, ausschalten und die Brioche auf der mittleren Rille 35 Minuten lang backen, aus der Form lösen und auf einem Kuchengitter rasten lassen.

FÜR 4 PERSONEN:

GÄNSELEBER:
1 Stk. gestopfte Gänseleber, à 800 g, Klasse I
7 g Pökelsalz
7 g Salz
Süßwein, Madeira
etwas Single-Malt-Whisky
weißer Pfeffer, frisch gemahlen
Staubzucker

MANGO-GELEE:
1 Flugmango
2 Bl. Gelatine
64 g Traubenzucker
36 ml Wasser
Cayennepfeffer

GRANNY-SMITH-SORBET:
2 Granny-Smith-Äpfel
1 Spritzer Limettensaft
2 Bl. Gelatine
Glucosesirup

BRIOCHE:
10 g Hefe
10 g Zucker
250 g Weißmehl
5 g Salz, 1 Eigelb
100 g weiche Butter
2 Eier, à 70 g

» WEINEMPFEHLUNG:

MUSKAT-OTTONEL SCHILFWEIN 2004
Willi Opitz
Illmitz, Burgenland
Der Schilfwein ist ein Opitz-Original. Die Trauben werden im September gelesen, auf Schilfmatten getrocknet und danach gepresst. Das Ergebnis: eine exklusive Melange aus Rosenblüten und Honig mit einem Hauch Exotik.
www.willi-opitz.at

» PROFITIPP:

Die Dosierung von Gelatine ist einfach: Für schnittfestes Gelee nehmen Sie 12 Blatt pro Liter Flüssigkeit.
Johannes Muchitsch, Küchenchef

SCHWIERIGKEITSGRAD: LEICHT | **ZUBEREITUNGSZEIT:** 1 STUNDE

SALBEI-TOPFEN-RAVIOLI

MIT NUSSBUTTER, PARMESAN UND KNUSPERSALBEI

FÜR 4 PERSONEN:

NUDELTEIG:
400 g Mehl, griffig
4 Eier
1 EL Olivenöl
Salz, etwas Wasser

FÜLLE:
500 g Vollmilchtopfen
2 Eigelb, Butter
1 Stg. Lauch, weiß
2 Knoblauchzehen
Salz, schwarzer Pfeffer
frischer Salbei, fein geschnitten

SALBEIBUTTER:
250 g Nussbutter
30 Salbeiblätter

ANRICHTEN:
Parmesan, frisch gerieben

NUDELTEIG: Alle Zutaten gut verkneten und 30 Minuten rasten lassen.

FÜLLE: Lauch in Butter anschwitzen, vom Herd nehmen, Knoblauch hineinpressen und mit den übrigen Zutaten gut vermengen. Den Nudelteig mit einer Nudelmaschine dünn auswalken. Die Fülle portionsweise aufbringen, mit einer zweiten Teigschicht bedecken und Tascherl ausradeln. In Salzwasser 4 Minuten bissfest köcheln, abseihen und mit Küchenkrepp trocken tupfen.

SALBEIBUTTER: Die Nussbutter mit den Salbeiblättern auf kleiner Stufe bei maximal 140 °C erwärmen, bis die Blätter knusprig sind.

ANRICHTEN: Die Tascherl mit Salbeinussbutter übergießen und mit frisch geriebenem Parmesan bestreuen.

» WEINEMPFEHLUNG:
GRAUBURGUNDER OBERRANZRIED 2013
Weingut Pilch
Ratsch a. d. Weinstraße, Südsteiermark
Der Grauburgunder zählt zu den Raritäten der Steiermark. Auf den nährstoffreichen Böden der Lage Oberranzried kann diese Traube ihr volles Potenzial entfalten. Ein kräftiger, eleganter Wein mit feinen Honignoten.
www.weingut-pilch.at

» PROFITIPP:
Für dieses Gericht sollten Sie unbedingt frischen Parmesan und keinen fertig verpackten verwenden!
Johannes Muchitsch, Küchenchef

KALBSGLACE TAG 1: Die klein gehackten Kalbsknochen bei 200 °C im Ofen goldbraun bräunen lassen. Immer wieder durchmischen. Röstgemüse und Zwiebeln beigeben und kurz mitrösten. Tomatenmark zufügen und mitrösten, bis es eine dunkle Farbe annimmt und die Röstaromen freigibt. Mit Rotwein ablöschen. In einem Topf mit kaltem Wasser aufgießen und langsam zum Kochen bringen, Schaum und Unreinheiten mit einem Schöpflöffel abschöpfen. Dann die Hitze reduzieren, den Jus 4 Stunden sanft köcheln lassen und auf etwa 4 Liter reduzieren. Auf ein Sieb schütten, die aufgefangene Flüssigkeit durch ein Tuch seihen, entfetten und kalt stellen.

KALBSGLACE TAG 2: Die Kalbsabschnitte bei 200 °C im Ofen goldbraun anrösten. Immer wieder wenden. Röstgemüse und Zwiebeln beigeben, kurz mitrösten. Tomatenmark zufügen und mitrösten, bis es eine dunkle Farbe annimmt und die Röstaromen freigibt. Mit dem Alkohol ablöschen, in einem Topf mit dem geklärten Jus vom ersten Tag aufgießen und langsam zum Kochen bringen. Schaum und Unreinheiten abschöpfen. Die Hitze reduzieren und den Jus 4 Stunden sanft köcheln lassen, bis er auf 4 Liter reduziert ist. Auf ein Sieb schütten, die aufgefangene Flüssigkeit durch ein Tuch seihen, entfetten und kalt stellen.

KALBSFILET: Kalbsfilet mit Pfeffer, Knoblauch und Rosmarin würzen. In Nussbutter anbraten, bei 54 °C ins Backrohr ohne Umluft schieben. Für 10 Minuten bei 160 °C bis zu einer Kerntemperatur von 54 °C fertiggaren.

SELLERIEPÜREE: Sellerie würfeln und im Dampfgarer weich garen. Im Thermomix mit Muskat, Cayennepfeffer, etwas Knoblauch, Salz, Trüffel (oder Trüffelöl) und der Butter 20 Minuten bei 80 °C auf Stufe 10 pürieren.

KNUSPERRING: Einen 4 Zentimeter breiten Teigstreifen mit etwas Eigelb bestreichen und mit dem Bauchspeck belegen, zweite Teigschicht aufsetzen, um einen Eisenring wickeln und bei 180 °C etwa 6 Minuten backen.

GESCHMOLZENE TOMATEN: Tomaten in Olivenöl mit den Thymianzweigen in den Ofen stellen, bis die Haut sich ablösen lässt. Tomaten enthäuten und warm stellen, die Haut bei 200 °C im Ofen knusprig rösten.

ANRICHTEN: Knusperring auf die vorgeheizten Teller setzen, mit Selleriepüree füllen. Mit Tomate, Tomaten-Knusperhaut, frittiertem Sellerie und einem kleinen Stangensellerieblatt garnieren. Kalbsfilet mit Fleur de Sel bestreuen und mit Kalbsglace umgießen.

SCHWIERIGKEITSGRAD: SCHWER | **ZUBEREITUNGSZEIT:** 1 STUNDE (OHNE KALBSGLACE)

KALBSFILET MIT SELLERIEPÜREE

IM KNUSPERRING MIT GESCHMOLZENEN TOMATEN

FÜR 4 PERSONEN:

KALBSGLACE:
TAG 1:
1 kg Kalbsknochen, mit anhaftenden Fleischresten
100 ml Traubenkernöl
150 g Röstgemüse
150 g Zwiebeln, ungeschält, in Lamellen geschnitten
20 g Tomatenmark, 100 ml Rotwein
5 l Wasser

TAG 2:
1 kg Kalbsabschnitte mit 2 cm Kantenlänge
100 ml Traubenkernöl
150 g Röstgemüse
150 g Zwiebeln, ungeschält, in Lamellen geschnitten
20 g Tomatenmark
500 ml Rotwein, Portwein und Madeira
4 l Jus von Tag 1

KALBSFILET:
4 Stk. Kalbsfilets, pariert, 6 cm hoch
schwarzer Pfeffer, Knoblauchgranulat
Rosmarin, Nussbutter

SELLERIEPÜREE:
1 Sellerieknolle, Salz, Cayennepfeffer
Muskat, Knoblauch, Butter
weißer Trüffel, frisch, oder Trüffelöl

KNUSPERRING:
1 Filoteig, 1 Eigelb
getrockneter, gehackter Bauchspeck

GESCHMOLZENE TOMATEN:
8 Baby-Rispentomaten
Olivenöl, Thymianzweige

» WEINEMPFEHLUNG:
DÜRNSTEINER KELLERBERG 2012
Andreas Harm
Wachau, Niederösterreich
Der Riesling des jungen Bio-Winzers Andreas Harm ist ein echter Geheimtipp der Top-Lage Kellerberg in Dürnstein. 21 Jahre alte Stöcke bringen einen Wein voll konzentrierter Aromen hervor, der seinesgleichen sucht.
www.harmwein.at

» PROFITIPP:
Das Kalbsfilet vor dem Anrichten mit etwas Fleur de Sel bestreuen.
Johannes Muchitsch, Küchenchef

HUBERT WALLNER IST ANGEKOMMEN IM SEEPARADIES. IM **SEE RESTAURANT SAAG** SAMMELT DER KÜCHEN-HERO MIT NAPOLEONISCHER ZIELSTREBIGKEIT KULINARISCHE MERITEN EN MASSE.

DER SAAGEN HAFTE

Auch wenn ein Blick auf die kulinarische Verdienstmedaillen-Galerie anderes vermuten lässt: Große Töne sind Hubert Wallners Sache nicht. Der 38-jährige Fine-Dining-König vom Wörthersee ist ein stilles Wässerchen, der ohne viele Worte, dafür mit messianischem Eifer seit 2010 daran arbeitet, heimische Spitzenprodukte und internationale Hochküche miteinander zu vermählen. Seine Qualitäten als Gourmet-Ehestifter stellte der gebürtige Niederösterreicher, der unter anderem bei Kochgranden wie Hans Haas und Martin Sieberer sein Handwerk lernte, bereits im legendären „Caramé“ unter Beweis. Nach einem kurzen Gastspiel im Designhotel „Aenea“ ist Wallner im „Saag“ wirklich angekommen. Gault Millau würdigt seine klare, zeitgenössische, österreichisch verwurzelte Küche seit der Eröffnung kontinuierlich mit zwei Hauben.

PURISTISCHE **PILGERSTÄTTE DES GENUSSES**

Es ist nicht schwer, an den Ufern des Wörthersees ein schönes Plätzchen zu finden. Das „See Restaurant Saag" zählt jedoch zu den absoluten Topscorern in puncto Lage und Ambiente. Nicht zuletzt aufgrund dessen und wegen einer Seeterrasse, die das Prädikat „märchenhaft" verdient, hat sich Hubert Wallners kulinarische Bühne samt angeschlossenem Beach Club als Hotspot der Hautevolee und Pilgerstätte für Freunde gehobener Esskultur etabliert. Es ist ein eleganter, puristischer Rahmen, geprägt von klaren Linien und Formen, in dem Wallner „Lungenbraten & Fledermaus", „Lammbrust & Bries" und „Kraftsuppe von der Taube" präsentiert. Und das charmante und kompetente Serviceteam – allen voran Sommelière Ines Hofstadler, Herrin über 700 Weinpositionen – macht das Sein hier beinahe schon unerträglich leicht.

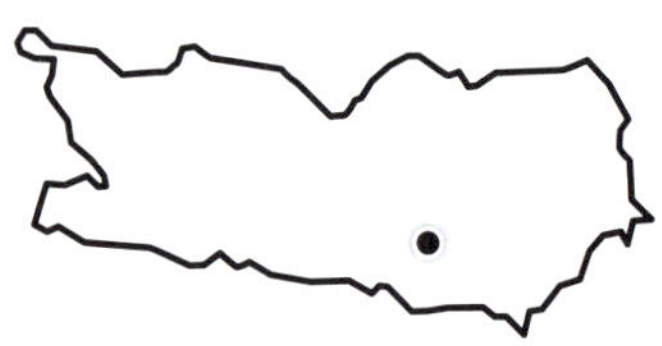

See Restaurant Saag
Saag 11
A-9212 Techelsberg am Wörthersee
Tel.: +43 (0) 42 72/43 50-1
E-Mail: office@saag-ja.at
www.saag-ja.at

SCHWIERIGKEITSGRAD: LEICHT | **ZUBEREITUNGSZEIT:** 1 STUNDE

GNOCCHI – MORCHELN – SPARGEL

GNOCCHI-TEIG: Alle Zutaten zu einem glatten Teig verarbeiten. Dann mithilfe eines Gnocchibretts oder einer Gabel Gnocchi formen und diese in Salzwasser kochen. Vor dem Anrichten noch in heißer Butter schwenken.

MORCHELN: Die Morcheln zurechtschneiden und sauber waschen. Vor dem Anrichten in heißer Butter gut anbraten und mit Salz, Pfeffer und Muskatnuss würzen.

STANGENSPARGEL: Den weißen Spargel schälen und in Salzwasser bissfest kochen. Danach in Eiswasser abschrecken. Den grünen Spargel mit dem Messer abschälen, ebenfalls in dem Spargelwasser kochen und in Eiswasser abschrecken. Vor dem Anrichten in brauner Butter anbraten und mit Salz und Pfeffer würzen.

ERDÄPFEL-ESPUMA: Die Kartoffeln schälen und in Salzwasser weich kochen. Auskühlen lassen und passieren. Die Kartoffeln mit dem Wasser und Pfeffer aufmixen und in einen iSi-Siphon einfüllen. Mit 2 Kapseln unter Druck setzen und warm stellen.

ANRICHTEN: Den Espuma in die Mitte des Tellers sprühen und dann abwechselnd den Spargel, Morcheln und Gnocchi anrichten. Mit Kräutern und Selleriegrün ausgarnieren und einige Tropfen Nussbutter am Tellerrand verteilen.

FÜR 4 PERSONEN:

GNOCCHI-TEIG:
100 g Kartoffeln, mehlig
2 Eigelb
20 g Grieß
40 g Mehl
20 g Parmesan, gerieben
Salz, Pfeffer, Muskatnuss

MORCHELN:
100 g frische Morcheln
Salz, Pfeffer, Mukatnuss
Butter

STANGENSPARGEL:
10 Stk. weißer und grüner Spargel
braune Butter
Salz, Pfeffer

ERDÄPFEL-ESPUMA:
100 g Kartoffeln
Salz, Pfeffer, Kartoffelwasser

ANRICHTEN:
Gartenkräuter wie Schafgarbe,
Schnittlauch, Löwenzahnblätter
Selleriegrün
ein paar Tropfen Nussbutter

» WEINEMPFEHLUNG:

SAUVIGNON BLANC „SAAG ATTACK 2012"
Weingut Rebenhof, Hartmut Aubell
Ratsch a. d. Weinstraße, Südsteiermark
Eigens für das „See Restaurant Saag" gekelterter Sauvignon aus besten Trauben vom Witscheiner Herrenberg. Aromen von Johannisbeere, Honig und leichten Krauttönen. Ein Wein mit Tiefe und wunderschöner Cremigkeit.
www.rebenhof.at

» PROFITIPP:

Die Kartoffeln kurz im Ofen bei 100 °C ausdämpfen lassen. Wichtig ist, die Kartoffeln noch heiß zu verarbeiten.
Hubert Wallner, Küchenchef

SCHWIERIGKEITSGRAD: MITTEL | **ZUBEREITUNGSZEIT:** 3 STUNDEN

RIND GESCHMORT UND SOUS-VIDE

MIT SCHWARZWURZELN

RINDERFILET: Die Rinderfilets vakuumieren und bei 60 °C etwa 14 Minuten rosa garen. Vor dem Anrichten salzen und pfeffern.

FLEDERMAUSSTÜCK: Das Wurzelgemüse, Zwiebel und Knoblauch in einem Topf goldbraun rösten, dann herausnehmen. Die Fledermaus mit Salz, Pfeffer und Senf würzen und von beiden Seiten gut anbraten. Nun das Röstgemüse hinzufügen und mit Rotwein und Gemüsefond aufgießen. Die Gewürze hinzugeben und die Fledermaus etwa 2 Stunden weich schmoren. Aus dem Fond nehmen und auskühlen lassen. Danach die Fledermaus in Scheiben schneiden. Den Schmorfond passieren und um die Hälfte einreduzieren lassen, dann die Fledermaus hinzufügen und, falls nötig, nochmals mit Salz, Pfeffer und Senf abschmecken.

SCHWARZWURZEL: Eine Schwarzwurzel waschen, putzen und schälen. Mithilfe einer Aufschnittmaschine in dünne Scheiben schneiden und im heißen Kokosfett frittieren. Auf Küchenkrepp abtropfen lassen und etwas salzen. Die restlichen Schwarzwurzeln waschen, putzen und mit etwas Nussbutter vakuumieren. Unter Dampf bei 90 °C etwa 1 Stunde pochieren. Herausnehmen und sofort schälen. Die Schwarzwurzeln panieren und im heißen Kokosfett bei 180 °C backen. Vor dem Anrichten die Schwarzwurzeln halbieren und auf das Fledermausragout setzen. Würzen, mit Sauerrahm füllen und mit Gartenkräutern garnieren.

ANRICHTEN: Das Rinderfilet kurz am Grill erhitzen und vor dem Anrichten aufschneiden. Links neben die gefüllte Schwarzwurzel platzieren. Mit frischer Bresaola, Bresaola-Chips und Schwarzwurzelchips ausgarnieren.

FÜR 4 PERSONEN:

RINDERFILET:
4 Rinderfilets, à 140 g
Salz, Pfeffer

FLEDERMAUSSTÜCK:
200 g Fledermaus
100 g Sellerie, Karotten, Gelbe Rüben
1 Zwiebel
1 Knoblauchzehe
2 Lorbeerblätter
5 Stk. Wacholder
1 l Gemüsefond
125 ml Rotwein
Salz, Pfeffer, Senf
ein paar Fenchelsamen

SCHWARZWURZEL:
5 Schwarzwurzeln
100 g Sauerrahm
Salz, Pfeffer, Zitronensaft
etwas Cayennepfeffer
Kokosfett, Nussbutter
Gartenkräuter

ANRICHTEN:
Bresaola, Bresaola-Chips

» WEINEMPFEHLUNG:
QUEMADO 2008
Cuvée Chardonnay & Weißburgunder
Weingut Georgium
St. Georgen, Längsee, Kärnten
Ein ausdrucksstarker Orange Wine von Marcus Gruze mit Goldreflexen und fein ausgeprägten Noten von Orangenzesten. Leicht nussig, Marillen und Honig umspielen die Säure mit viel Eleganz.
www.georgium.at

» PROFITIPP:
Ihren vollen Geschmack entfalten die Schwarzwurzeln, wenn man sie in einem Vakuumsack sous-vide gart.
Hubert Wallner, Küchenchef

SCHWIERIGKEITSGRAD: MITTEL | **ZUBEREITUNGSZEIT:** 1 ½ STUNDEN

B'SOFFENER KAPUZINER

À LA SEE RESTAURANT SAAG

MALZKUCHEN: Alle Zutaten bis auf das Bier und den Sirup zu einem glatten Teig verarbeiten. In ein gebuttertes Blech füllen und bei etwa 160 °C 40 Minuten backen. Auskühlen lassen und dann mit der Aufschnittmaschine in gleichmäßig dicke Scheiben schneiden. Vor dem Anrichten die Scheiben in Hefebier mit Holundersirup tunken.

INGWER-SORBET: In einem Topf Wasser, Zucker, Rum und Ingwer vermischen und aufkochen lassen. Dabei gut umrühren. Anschließend Limonenschale und -saft dazugeben. Etwa 4 Minuten köcheln lassen. Vom Herd nehmen, erkalten lassen und in der Eismaschine gefrieren.

HIMBEER-VARIATION: 100 Gramm Himbeeren mit Olivenöl und Fruchtzucker leicht marinieren. 100 Gramm Himbeeren einfrieren und, wenn diese ganz gefroren sind, mithilfe eines Plattiereisens zerklopfen, anschließend die Segmente sofort wieder in den Tiefkühler stellen und kurz vor dem Servieren auf den Teller setzen. Die restlichen 200 Gramm Himbeeren aufmixen und durch ein Etamin pressen. Den daraus gewonnenen Saft beim Servieren vor dem Gast über das Ingwer-Sorbet gießen.

HIMBEER-SODA: Alle Zutaten in eine iSi-Flasche geben und mit 2 CO_2 Kapseln und einer Sodakapsel unter Druck setzen.

ANRICHTEN: Die Braunhirse in heißem Kokosfett frittieren und auf einem Küchenkrepp abtropfen lassen. Den Kapuziner mit Sauerklee ausgarnieren.

FÜR 4 PERSONEN:

MALZKUCHEN:
3 Eier
200 g Zucker
100 g Crème fraîche
200 g Mehl
5 g Backpulver
75 g Butter
10 g Malz
100 ml Hefebier
20 ml Holundersirup

INGWER-SORBET:
2 EL brauner Rum
3 EL Ingwer, frisch gerieben
2 EL geriebene Limonenschale
150 ml Limonensaft
400 ml Wasser
100 g Zucker

HIMBEER-VARIATION:
400 g Himbeeren
Olivenöl, Fruchtzucker

HIMBEER-SODA:
100 g Himbeermark
50 ml Soda

ANRICHTEN:
Braunhirse, Kokosfett
Sauerklee

» WEINEMPFEHLUNG:
ROTER MUSKATELLER 2012
Weingut Kloster am Spitz
Purbach, Neusiedler See, Burgenland
Dieser hell schimmernde Rote Muskateller zeigt Nuancen von Himbeeren, Weingartenpfirsich, Zitronenmelisse, Rosen und fruchtigem Muskat. Süßer, fülliger Körper mit schöner Länge.
www.weingut.klosteramspitz.at

» PROFITIPP:
Falls vom Ingwer noch etwas übrig bleibt, kann man diesen sehr gut einfrieren.
Hubert Wallner, Küchenchef

DER BERG IST NICHT GENUG: DACHTE SICH KÜCHEN-GENIUS **CHRISTIAN GÖLLES**, NAHM KURS AUF MILLSTATT UND VERZAUBERT IM **SEEFISCHER** MIT HEIMATKÜCHE VON WELT.

VOLLE KRAFT VORAUS

Es soll ja Menschen geben, die behaupten, in Lech am Arlberg sei man am Ende seiner Träume angekommen. Christian Gölles kam viele Jahre lang ebenda an – als Küchenchef des „Hotels Gasthof Post", wo er nach Stationen bei Johann Lafer, Christian Petz und Doppel-Michelin-Stern-Träger Dieter Koschina in der „Vila Joya" an der Algarve zwei Hauben und einen Michelin-Stern erkochte. Das Ende seiner Träume war damit aber noch lange nicht erreicht. Der 42-jährige gebürtige Feldbacher setzte Segel und dockte 2010 im „Seefischer" an, wo er Kochhandwerkskunst auf ganz hohem Niveau zeigt. Vielseitig und sowohl von seiner steirischen Heimat als auch von der großen weiten Welt inspiriert ist seine haubengekrönte Küche, mal strikt vegetarisch, mal herzhaft wild, wie sein „Gerollter Wildhase". Regionales Cross-over at its best.

DAS GROSSE **GLÜCK AM ENDE DER BUCHT**

Traumhafte Natur, außergewöhnliche Wellness, exzellente Kulinarik. Das sind die tragenden Säulen des „Romantik Hotels Seefischer". Ein Konzept, das mit Leben zu erfüllen eine Aufgabe ist, der die Gastgeber Elisabeth und Michael Berndl mit Bravour nachkommen. Schon Karl Seitz, erster Bundespräsident der Republik, urlaubte in der unverbauten Bucht am Millstätter See, heute gilt das 4-Sterne-Superior-Haus als einer der bezauberndsten, niveauvollsten Rückzugsorte für Stressgeplagte. Savoir-vivre wird hier übergroß geschrieben – das fängt in den eleganten Landhausstil-Zimmern an, geht über die spektakuläre Fischersauna mit direktem Seezugang bis hin zur legendären Hafenveranda und dem Gourmetrestaurant, in dem Küchenchef Christian Gölles und Restaurantleiter Michael Kreiner für alles andere als alltägliche Sinneserlebnisse sorgen.

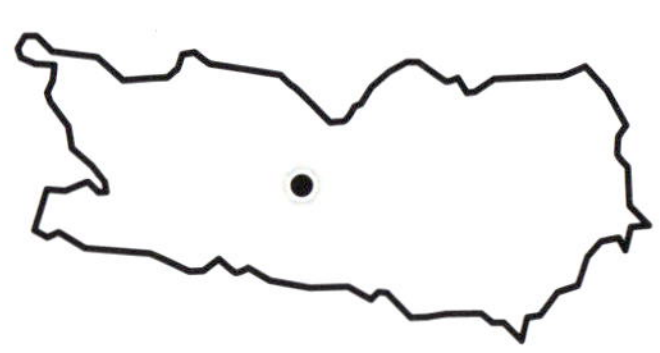

Seefischer
Fischerweg 1
A-9873 Döbriach
Tel.: +43 (0) 42 46/77 12-0
E-Mail: hotel@seefischer.at
www.seefischer.at

SCHWIERIGKEITSGRAD: MITTEL | **ZUBEREITUNGSZEIT:** 1 ½ STUNDEN

MELANZANI & KRÄUTERSEITLING

MIT PASSIERTEM SPINAT UND EINGELEGTEN KIRSCHTOMATEN

MELANZANI-KRÄUTERSEITLING-ROLLE: Melanzani der Länge nach halbieren und von jeder Hälfte je 2 etwa 5 Millimeter dicke Scheiben schneiden (von der Schnittfläche ausgehend). Die Scheiben leicht salzen und 20 Minuten zur Seite stellen. Dann die Melanzanischeiben gut abtupfen und in einer heißen Pfanne mit reichlich Olivenöl auf beiden Seiten braten, die fertigen Scheiben auf Küchenrolle abtropfen lassen. Von den Kräuterseitlingen die Hüte abschneiden und diese zur Seite stellen. Die Stiele der Länge nach in 5 Millimeter dicke Scheiben und dann in 5 Millimeter dicke Stifte schneiden. Stifte und Hüte in Olivenöl braten, mit Salz, Pfeffer und Tabasco würzen und mit Basilikumjuliennes abrunden. Gebratene Melanzanischeiben mit den Pilzstreifen belegen und einrollen, die Pilzhüte für die Garnitur zur Seite geben.

MELANZANITATAR: Die Melanzani auf der Fleischseite mit einem kleinen Messer vorsichtig einschneiden, salzen, mit Olivenöl beträufeln und mit der Schnittseite auf ein Blech legen. Im Backrohr bei 160 °C braten, bis das Fruchtfleisch weich ist. Dies dauert etwa 20 Minuten. Die Melanzani aus dem Ofen nehmen und mit einem Löffel vorsichtig das Fruchtfleisch herauskratzen. Fruchtfleisch grob hacken und in ein feines Sieb zum Abtropfen geben. Schalotte und Knoblauch schälen und in kleine Würfel schneiden, in Olivenöl anziehen und das abgetropfte Melanzanifruchtfleisch zugeben. Mit gehackten Kapern, gehackten getrockneten Tomaten, Basilikum und Salz und Pfeffer abschmecken .

PASSIERTER SPINAT: Frischen Blattspinat in Olivenöl anziehen und zusammenfallen lassen. Mit den Gewürzen abschmecken und im Mixbecher fein pürieren. Zum Schluss durch ein feines Sieb passieren.

EINGELEGTE KIRSCHTOMATEN: Kirschtomaten mit einem scharfen Messer auf einer Seite leicht einritzen. 10 Sekunden in kochendes Wasser geben und danach sofort in Eiswasser abschrecken. Die Haut vorsichtig abziehen und in ein feuerfestes Behältnis geben. Basilikumstiele, Tomatenessig, Olivenöl und die Gewürze zugeben und vorsichtig durchmischen. Im Backrohr bei 70 °C 2 Stunden ziehen lassen.

ANRICHTEN: Mit dem Spinat auf dem Teller einen Strich ziehen, die Rollen in das Püree setzen. Mit zwei Löffeln aus dem Melanzanitatar Nocken formen und auf den Teller setzen, mit Kirschtomaten und den sautierten Kräuterseitlinghüten garnieren. Etwas von der Tomatenmarinade über die Tomaten nappieren.

FÜR 4 PERSONEN:

MELANZANI-KRÄUTERSEITLING-ROLLE:
2 Melanzani
6–8 Kräuterseitlinge
1 Thymianzweig
Olivenöl, Salz, Pfeffer, Tabasco
Basilikumjuliennes

MELANZANITATAR:
½ Melanzani
1 Schalotte
1 Knoblauchzehe
4 Kapern
2 getrocknete Tomaten
Salz, Pfeffer aus der Mühle
Olivenöl, Basilikum

PASSIERTER SPINAT:
500 g Blattspinat, frisch
Muskat, Pfeffer aus der Mühle
Salz, Cayenne
Olivenöl

EINGELEGTE KIRSCHTOMATEN:
8–12 Kirschtomaten (je nach Größe)
100 ml Tomatenessig
200 ml Olivenöl
Basilikumstiele, Salz
Pfeffer aus der Mühle

ANRICHTEN:
8 Kräuterseitlinghüte

» WEINEMPFEHLUNG:

FRANCIACORTA BRUT ROSÉ
Castello Bonomi
Coccaglio, Lombardei

Zu 100 % aus besten Pinot-noir-Trauben bestehend, ist dieser Rosé ein reicher, reifer Begleiter. Schöne Beerenfrucht mit einem Hauch von Zitrus und Brotkruste, am Gaumen komplex und mineralhaltig.

www.castellobonomi.it

» PROFITIPP:

Sie können anstelle des frischen Spinats auch passierten Spinat aus dem Tiefkühlfach verwenden.

Christian Gölles, Küchenchef

SCHWIERIGKEITSGRAD: MITTEL | **ZUBEREITUNGSZEIT:** 1 ½ STUNDEN

POCHIERTES HECHTFILET

HECHT AUS DEM MILLSTÄTTER SEE, IN KÜRBISKERNÖL POCHIERT, MIT LAVENDEL-ÄPFELN UND ROTE-PAPRIKA-POLENTA

HECHTFILET: Hechtfilet in 4 Stücke schneiden, salzen und mit den gehackten Kürbiskernen und dem Kürbiskernöl vakuumieren. Im Wasserbad oder Steamer bei 75 °C 8 bis 10 Minuten garen. Sollten Sie keinen Vakuumierer haben, einfach genügend Kürbiskernöl in einem Topf auf 75 °C erwärmen und den Fisch im warmen Öl pochieren.

LAVENDEL-ÄPFEL: Apfel schälen und mit dem Kugelausstecher 20 kleine Kugeln ausstechen. Die Kugeln mit etwas Lavendel-Essig marinieren, damit sie nicht braun werden. Den restlichen Apfel mit dem Entsafter entsaften und den Apfelsaft 1:1 mit Lavendel-Essig mischen. Die Essig-Saft-Mischung aufkochen und zu einem Sirup einkochen. Apfelkugeln im fertig eingekochten Sirup erwärmen.

PAPRIKACREME: Paprika halbieren, entkernen und in kleine Stücke schneiden. Schalotten, Knoblauch und die Paprikastücke in Olivenöl ohne Farbe andünsten. Thymianzweig zugeben und mit Gemüsefond untergießen. Würzen und auf kleiner Flamme einkochen, bis die Paprika weich sind und die Flüssigkeit verkocht ist. Die Masse fein pürieren und durch ein feines Sieb streichen. Mit etwas Lavendel-Essig und Tabasco abrunden.

CREMIGE POLENTA: Fond mit Olivenöl, angedrückter Knoblauchzehe, Thymianzweig und Gewürzen aufkochen. Die Polenta in die kochende Masse einrühren, aufkochen, mit Backpapier abdecken und im Ofen bei 120 °C etwa 30 Minuten ausdämpfen. Wenn die Polenta fertig ist, Thymianzweig und Knoblauchzehe entfernen und mit der Paprikacreme verrühren.

ANRICHTEN: Einen Kreis von der Polenta auf dem Teller anrichten. Pochierten Fisch aus dem Vakuumbeutel nehmen und mit einer Pinzette die Gräten ziehen. Den Fisch an die Polenta legen, Apfelkugeln um den Fisch streuen. Den Fisch mit etwas Maldon-Salz bestreuen und mit steirischem Kürbiskernöl g.g.A. beträufeln. Mit frischem Oregano, Majoran und Lavendelblüten garnieren.

FÜR 4 PERSONEN:

HECHTFILET:
600 g Hechtfilet, ohne Haut
250 ml steirisches Kürbiskernöl g.g.A.
50 g Kürbiskerne g.g.A., gehackt und geröstet
Salz

LAVENDEL-ÄPFEL:
1 frischer steirischer Apfel
250 ml hausgemachter Lavendel-Essig

PAPRIKACREME:
2 Paprika, rot
1–2 Schalotten
1 Knoblauchzehe
1 EL Olivenöl
250 ml Gemüsefond
Salz, Pfeffer aus der Mühle
Tabasco, Thymianzweig
Lavendel-Essig

CREMIGE POLENTA:
50 g grobe steirische Polenta
200 ml Gemüsefond oder Wasser
1 Knoblauchzehe
1 EL Olivenöl
1 Thymianzweig
Salz, Pfeffer aus der Mühle
Muskatnuss

ANRICHTEN:
Kürbiskernöl
Maldon-Salz
frischer Oregano oder Majoran
Lavendelblüten

» WEINEMPFEHLUNG:

STEINAGRUND GRÜNER VELTLINER
Weingut Stefan Bauer
Königsbrunn a. Wagram, Niederösterreich
Ein kräftiger Veltliner mit Biss, in der Nase frische, vollreife gelbe Apfelfrucht, am Gaumen dicht extraktreich. Korpulent mit guter Länge, hohes Lagerpotenzial.
www.weingutbauer.at

» PROFITIPP:

Sollten Sie keinen Hecht bekommen, können Sie für dieses Gericht auch frischen Zander oder Waller verwenden.
Christian Gölles, Küchenchef

SCHWIERIGKEITSGRAD: MITTEL | **ZUBEREITUNGSZEIT:** 1 ½ STUNDEN (OHNE ZIEHZEIT)

GEROLLTER WILDHASE

AUS DER EIGENEN JAGD MIT PASTINAKEN UND EINGEKOCHTEN ESSIGKIRSCHEN

WILDHASE: Wildhasenrücken vom Knochen lösen und zuputzen. Den ausgelösten Rücken mit je einer Scheibe Speck und einem Blatt Salbei belegen. Wie eine Schnecke einrollen und mit einem Bindfaden binden. In einer heißen Pfanne mit Olivenöl anbraten, Kräuter, Gewürze und Butter zugeben und 3 Minuten auf jeder Seite bei reduzierter Hitze braten. Aus der Pfanne nehmen und zugedeckt an einem warmen Ort rasten lassen.

PASTINAKENPÜREE: Pastinakenwürfel in Butter ohne Farbe anschwitzen. Temperatur zurückdrehen und würzen, mit Gemüsefond untergießen, dann mit Backpapier abdecken und bei kleiner Hitze (120 °C) im Rohr im eigenen Saft schmoren, bis die Pastinaken verkocht sind und der Großteil der Flüssigkeit verdampft ist. In der Moulinette oder im Cutter fein pürieren. Nachschmecken und mit etwas brauner Butter abrunden.

ESSIGKIRSCHEN: Die Kirschen mit dem Kirschenentkerner entsteinen. Die übrigen Zutaten miteinander aufkochen. Die Kirschen in Einmachgläser geben und mit dem kochenden Fond aufgießen. Heiß verschließen und im Steamer bei 90 °C etwa 45 Minuten lang sterilisieren. Mindestens 24 Stunden ziehen lassen.

ANRICHTEN: Pastinakenpüree auf dem Teller anrichten, den Bindfaden vom Wildhasen entfernen und den Hasen einmal durchschneiden, sodass sich eine Schnecke bildet. Mit etwas Maldon-Salz bestreuen, die Wildhasenrolle auf den Teller setzen, mit den gekochten Kirschen umlegen und mit Salbeiblättern garnieren.

FÜR 4 PERSONEN:

WILDHASE:
2 Wildhasenrücken, mit Knochen
4 Scheiben Lardo oder Bauchspeck
8 Salbeiblätter
1 Rosmarinzweig
2 Wacholderbeeren
1 EL Olivenöl
1 EL Butter

PASTINAKENPÜREE:
50 g Butter
750 g Pastinaken, geschält, in Stücke geschnitten
125 ml Gemüsefond
Muskat, Pfeffer aus der Mühle
Salz, Cayenne, braune Butter

ESSIGKIRSCHEN:
1 kg Kirschen
100 ml Rotweinessig
200 ml Rotwein
500 g Zucker
½ Zimtstange
20 Pfefferkörner
3 Wacholderbeeren
2 Stk. Sternanis
1 Lorbeerblatt
1 Stk. frischer Ingwer

ANRICHTEN:
4 Salbeiblätter
Maldon-Salz

» WEINEMPFEHLUNG:

KIRCHHOLZ BLAUFRÄNKISCH 2011
Weingut Franz Weninger
Horitschon, Burgenland
Die Riede Kirchholz zeichnet sich durch Lehm-Ton-Böden aus, auf denen 35 Jahre alte Rebstöcke gedeihen. Ausgebaut im Holzfass, in der Nase Kirsche, Holunder und Pfeffer, am Gaumen mineralisch und voll.
www.weninger.com

» PROFITIPP:

Sie können Gläser auch im Topf sterilisieren. Topfboden mit Küchenrolle auslegen, mit Wasser auffüllen und 30 Minuten köcheln lassen.
Christian Gölles, Küchenchef

IM **WEISSENSEERHOF** STEHT MIT **FLORIAN KLINGER** KÄRNTENS NATURVERBUNDENSTER KÜCHENREVOLUZZER AM HERD. UND LIEFERT DORT EINE LUPENREINE, EMOTIONSGELADENE PERFORMANCE AB.

DER KÜCHEN DOC

Wer mit Florian Klinger über seine Küchenphilosophie plaudert, darf sich vieles erwarten – nur keine langatmigen Vorträge. Die könnte der diplomierte Diätkoch, Ernährungsberater und Herr über die zweifach haubengekrönte Feuerstelle des „Weissenseerhofs" aus dem Stand liefern. Tut er aber nicht. Doc Klinger konzentriert sich lieber darauf, seine Vorstellung von Bio-Vitalküche ohne Fingerzeig auf den Teller zu bringen. Der ist auch nicht nötig, denn was der einst jüngste Haubenkoch Österreichs mit den Früchten der hauseigenen Gärtnerei, Fisch aus dem Weissensee und regionalem Bio-Fleisch so alles anstellt, spricht für sich: handwerklich präzise, durchdachte Kunstwerke, die vor Eleganz und Raffinesse nur so strotzen. Klarer und zeitgenössischer kann man die Idee von werterhaltendem, gesundem Kochen nicht umsetzen.

TRIUMPH DER **EXISTENZIELLEN VERNUNFT**

Es tut nicht weh, wenn es schön ist – aber einfach nur schön ist nicht genug. Dachte sich Ex-Manager Christian Halper, als er 2008 den „Weissenseerhof" kaufte, revitalisierte und einen Ort für Menschen schuf, für die Nachhaltigkeit mehr als ein Modewort ist. Das Konzept des bewussten, naturnahen Lebens auf allen Ebenen umzusetzen, ist ein Anspruch, dem das Team rund um Gastgeberin Sabine Loy im „Weissenseerhof" spielend gerecht wird. Naturmaterialien und warme Farben dominieren die Architektur, in den Liegenetzen des See-Spas wird ein gewöhnlicher Sonnenuntergang zum Spektakel und der hauseigene Garten, der Florian Klinger zu seinen Kunstwerken inspiriert, braucht den Vergleich mit Eden nicht zu scheuen. Ein lebendiger, herzlicher Sehnsuchtsort für vernünftige Hedonisten, wie es ihn in Österreich kein zweites Mal gibt.

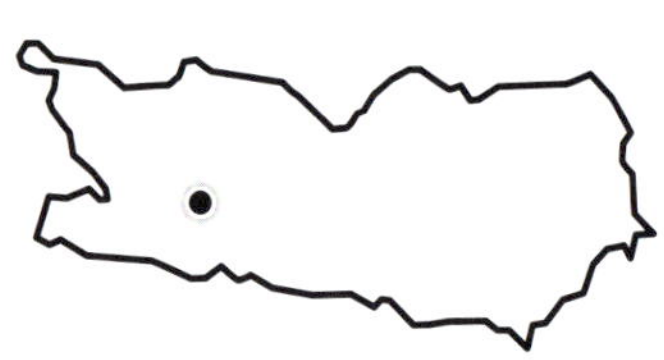

Weissenseerhof
Neusach 18
A-9762 Weissensee
Tel.: +43 (0) 47 13/22 19
E-Mail: rezeption@weissenseerhof.at
www.weissenseerhof.at

SCHWIERIGKEITSGRAD: LEICHT | **ZUBEREITUNGSZEIT:** 1 STUNDE

„GREEN PARADISE"

GEMÜSEBEET MIT SONNENBLUMENTASCHEN UND ROTE-RÜBE-LACK

FÜR 4 PERSONEN:

GEMÜSE:
500 g verschiedene junge Gemüse nach saisonalem Angebot
Mandelöl

SONNENBLUMENTASCHEN:
250 g Sonnenblumenmehl
250 g Weizenmehl
8 Eigelb
1 Ei
1 EL natives Sonnenblumenöl
2 kräftige Prisen rohes Steinsalz

TASCHENFÜLLE:
200 g Sonnenblumenkerne, gemahlen
1 kl. Zwiebel oder Junglauch
3 EL gehackte Kräuter wie Petersilie, Basilikum, Kerbel, ein wenig Minze
2 EL natives Sonnenblumenöl
1 Msp. Pfeilwurzelmehl zum Binden
Steinsalz, Pfeffer

ROTE-RÜBE-LACK:
300 g Rote Rüben, frisch, geschält
1 Gewürznelke
1 Stk. Zimtrinde
1 TL Kartoffelstärke
Steinsalz

GEMÜSE: Gemüse sauber waschen, putzen und zurechtschneiden. In kochendem Wasser kurz blanchieren, danach kalt abschrecken und mit Mandelöl marinieren. Die Gemüsearten können auch roh zubereitet werden.

SONNENBLUMENTASCHEN: Alle Zutaten bis auf das Ei zu einem geschmeidigen Teig verkneten und 30 Minuten zugedeckt rasten lassen. Danach den Teig dünn ausrollen, mit einem zerschlagenen Ei die Teigblätter einstreichen und mit der Sonnenblumenmasse füllen. Einschlagen und ausstechen. Anschließend im Salzwasser 3 Minuten köcheln lassen.

TASCHENFÜLLE: Die Zwiebel klein schneiden, in Sonnenblumenöl glasig anschwitzen, gemahlene Sonnenblumenkerne hinzufügen und leicht anrösten. Vom Herd nehmen und die restlichen Zutaten hinzufügen. Mit Salz und Pfeffer abschmecken.

ROTE-RÜBE-LACK: Den Rübensaft in einen kleinen Stieltopf gießen, die Gewürze hinzufügen und bis auf 4 Esslöffel Menge reduzieren lassen. Kartoffelstärke mit kaltem Wasser anrühren und die Sauce ganz leicht eindicken, bis sie glänzt.

» WEINEMPFEHLUNG:

WALDACKER NEUBURGER 2011
Weingut Schönberger
Mörbisch, Neusiedler See, Burgenland
Gelbgrün strahlend, mit feinen Ananas- und Zitrusaromen, zeigt dieser Wein eine lebendige und gleichzeitig füllige Struktur. Angenehm am Gaumen, lebendig und frisch.
www.weingut-schoenberger.com

» PROFITIPP:

Dieses Gericht ist für Vegetarier und Rohköstler geeignet. Verwenden Sie Bio-Gemüse – es schmeckt besser und ist gesünder.
Florian Klinger, Küchenchef

SCHWIERIGKEITSGRAD: MITTEL | **ZUBEREITUNGSZEIT:** 2 STUNDEN (OHNE RUHEZEITEN)

GAILTALER REHBOCK IM MOOS

HOLUNDERBEEREN, SPINAT-PILZE, KANDIERTE TANNENWIPFEL

FÜR 4 PERSONEN:

REHBOCK:
500 g Rehfleisch (Rücken oder Schlögel), frisch, abgehangen zu je 120-Gramm-Stücken
4 Rosmarinzweige
natives Walnussöl
Wacholder, fein gemahlen
Pfeffer aus der Mühle, Salz

WALDMOOS-ASCHE:
getrocknetes Waldmoos

HOLUNDERBEEREN-SAUCE:
200 ml Wildjus
100 g schwarze Holunderbeeren
1 kg Rehrücken-Knochen, klein gehackt
300 g Gemüsewürfel (Karotte, Zwiebel, Sellerie, Lauch, Pastinake)
2 EL Tomatenmark
500 ml kräftiger Rotwein
4 l Wasser
Wacholderbeeren, Pfefferkörner, Salz
1 EL Kartoffelstärke (mit 2 EL kaltem Wasser angerührt)

NUDELTEIG-FÜLLE:
250 g gemischte Wald- und Kulturpilze
2 Schalotten, 2 EL Petersilie, gehackt
1 EL Topfen, Pfeffer, 1 Eigelb, Olivenöl
Salz

SPINAT-NUDELTEIG:
300 g Weizenmehl
5 Eigelb, 1 Ei
2 EL passierter Spinat (entwässert) oder Spinatpulver, 1 EL Mohn-Öl, Salz

KANDIERTE TANNENWIPFEL:
30 Stk. Tannenwipfel
1 Eiweiß, 100 g feiner Zucker

REHBOCK: Das Rehfleisch mit Walnussöl, fein gemahlenem Wacholder, Pfeffer und frischem Rosmarin über Nacht im Kühlschrank marinieren. Eine flache Pfanne erhitzen, die Rehfleisch-Stücke leicht salzen und kurz an allen Seiten etwas schärfer anbraten. Das Backrohr auf 120 °C erhitzen und das Fleisch sanft darin garen. Die Garzeit hängt von der Größe der Rehstücke ab. Öfters kontrollieren, bis die gewünschte Stufe erreicht ist.

WALDMOOS-ASCHE: Getrocknetes Waldmoos verbrennen und danach die kalte Asche durch ein ganz feines Sieb sieben. Das fertig gegarte Fleisch durch die Asche wälzen und warm stellen.

HOLUNDERBEEREN-SAUCE: Die Knochen anrösten, das Gemüse hinzufügen und kurz weiterrösten. Tomatenmark hinzufügen, mit Rotwein ablöschen, einreduzieren lassen, mit Wasser auffüllen, Gewürze hinzufügen und 3 Stunden köcheln lassen. Den fertig gekochten Wildjus durch ein feines Sieb gießen und auf 250 Milliliter einreduzieren lassen. Die Holunderbeeren hinzufügen und mit Kartoffelstärke leicht abziehen, bis die Sauce zu glänzen beginnt.

NUDELTEIG-FÜLLE: Die Schalotten in Olivenöl leicht anbräunen, gehackte Pilze dazugeben, weiterrösten und dann vom Herd nehmen. Einen Esslöffel Topfen dazugeben, dann das Eigelb und die Petersilie hinzufügen und mit Salz und Pfeffer abschmecken.

SPINAT-NUDELTEIG: Alle Zutaten bis auf das Ei zu einem geschmeidigen Teig verkneten und 30 Minuten zugedeckt rasten lassen. Danach den Teig dünn ausrollen, mit einem zerschlagenen Ei die Teigblätter einstreichen und mit der Pilzmasse füllen, einschlagen und ausstechen. Anschließend im Salzwasser 3 Minuten köcheln lassen.

KANDIERTE TANNENWIPFEL: Eiweiß leicht verschlagen, Tannenwipfel mit einem Backpinsel dünn mit dem Eiweiß bestreichen und mit feinem Zucker bestreuen. Überschüssigen Zucker vorsichtig abschütteln. Zwei bis drei Tage auf einem Kuchengitter in der warmen Küche trocknen, bis sie sich glashart anfühlen. Zum Aufbewahren zwischen Lagen von Wachspapier in eine gut verschließbare Keksdose legen.

» WEINEMPFEHLUNG:

AERO ORANGE WINE
Weingut Ploder-Rosenberg
St. Peter a. Ottersbach, Südsteiermark
Die Orange Wines der Familie Ploder-Rosenberg zählen zu den besten des Landes. Der Aero überzeugt mit feinem Rosenduft und süßer Kräuterwürze, Anklängen vollreifer Weingartenpfirsiche und fein salziger Mineralik.
www.ploder-rosenberg.at

» PROFITIPP:

Wild aus dem Wald besitzt mehr Eigengeschmack als Wild aus dem Gehege, das mit Getreide gefüttert wird.
Florian Klinger, Küchenchef

SCHWIERIGKEITSGRAD: SCHWER | **ZUBEREITUNGSZEIT:** 3 STUNDEN

KÄRNTNER „ART – REINDLING“

SÜSSE ERDE, KRONPRINZ-APFEL

FÜR 4 PERSONEN:

WARMER REINDLING:
200 ml Milch
1½ Pck. Trockenhefe
500 g Mehl, 60 g Staubzucker
3 Eigelb, 4 g Salz
80 g Butter
Vanillezucker, Zitronenschale
Muskatnuss, fein gemahlen

FÜR DEN BELAG:
Rosinen, Kristallzucker, Butter, Zimt

REINDLING-PARFAIT:
3 Eier, 100 g Zucker
500 ml Sahne, 50 g Rosinen
30 ml brauner Rum
Zimt, gemahlen
Gewürznelken, gemahlen
Kokosblüten-Zucker-Mischung
(aus Muskatblüte, Kokoszucker, Kardamom)

REINDLING-SMOOTHIE IM GLAS:
250 ml Schafjoghurt, 1 Vanilleschote
15 g brauner Rohrzucker
60 g eingekochte Rum-Rosinen
40 ml Eierlikör

SÜSSE ERDE:
250 g Mehl, glatt
200 g Butter, zimmerwarm, klein gewürfelt
120 g Staubzucker, 70 g Kakaopulver
1 Ei, 2 Eigelb
1 Prise Salz, Mark einer Vanilleschote

KRONPRINZ-APFEL:
750 g Kronprinz-Äpfel
120 g Kristallzucker, fein
150 ml Apfelsaft, frisch gepresst
2 Zitronen (Saft), 1 Eiweiß
40 ml Calvados

WARMER REINDLING: Milch und Butter erwärmen, anschließend alle weiteren Zutaten beifügen und zu einem Teig verarbeiten. Aufgehen lassen. Teig ausrollen und mit Rosinen, Kristallzucker, Zimt und Butterflocken bestreuen. Einrollen, in kleine Teile schneiden und in kleine gebutterte und gezuckerte Formen geben. Nochmals aufgehen lassen. Im Ofen bei 160 °C 18 bis 20 Minuten backen lassen.

REINDLING-PARFAIT: Die Eier mit Zucker über Dampf aufschlagen, danach kalt schlagen. Sahne steif schlagen und unter die kalte Ei-Zucker-Masse heben. Die Rosinen im Rum leicht köcheln lassen, bis sie weich sind. Danach erkalten lassen und unter die Parfaitmasse heben. In gewünschte Formen füllen und gefrieren lassen. Zum Schluss mit der Kokosblüten-Zucker-Mischung bestreuen.

REINDLING-SMOOTHIE IM GLAS: Joghurt mit Vanilleschote und dem braunen Zucker fein mixen. In ein Glas füllen. Die eingekochten Rum-Rosinen hinzufügen und mit dem Eierlikör abschließen. Eisgekühlt servieren.

SÜSSE ERDE: Alle Zutaten in ein Rührwerk geben und kurz und schnell mit dem Bischof-Rührteil verkneten. Danach die Masse 5 Millimeter dick auf ein Blech verteilen und bei 170 °C im Ofen backen. Abkühlen lassen und mit einem Cutter zu Brösel-Erde zerkleinern.

KRONPRINZ-APFEL: Zucker und Apfelsaft kurz aufkochen. Äpfel schälen, halbieren, entkernen und klein schneiden. In der Zuckerlösung weich kochen, bis sie zerfallen. Die Äpfel durch ein Sieb passieren und mit Zitronensaft und Calvados abschmecken. Eiweiß halb steif schlagen und darunterziehen. In einer flachen Metallform unter gelegentlichem Rühren im Tiefkühlfach gefrieren oder in einen Pacojet-Becher füllen, gefrieren lassen und danach pacossieren.

» WEINEMPFEHLUNG:
SCHWARZ GOLD 100 % MUSKAT-OTTONEL
Weingut Schwarz
Andau, Neusiedler See, Burgenland
Kräftiges Goldgelb, reife Marillenfrucht, unterlegt von frischen Limettenzesten mit feinem Honigtouch. Ein Muskat reinster Güte, der mit 93 Falstaff-Punkten bewertet wurde.
www.schwarz-weine.at

» PROFITIPP:
Sofern die Saison es erlaubt, garnieren Sie dieses Gericht mit frischem Rhabarber und Minze.
Florian Klinger, Küchenchef

|B|

|E|

|F|

|G|

|H|

|K|

|L|

|M|

|P|

|R|

|S|

|T|

|W|

|Z|

DAS KLEINE RESTAURANT

DIE FORELLE

FALKENSTEINER SCHLOSSHOTEL VELDEN

FRIERSS FEINES HAUS

GOURMETSTUBE LINDENHOF

HOTEL SCHLOSS SEEFELS

HOTEL12

RESTAURANT BACHLER

RESTAURANT OSCAR

SCHLOSSVILLA MIRALAGO

SEE RESTAURANT SAAG

SEEFISCHER

WEISSENSEERHOF

OUTTAKES: WIR TRAFEN AUF UNSERER REISE
13 CHARMANTE, MOTIVIERTE, GEDULDIGE KÜCHENCHEFS –
UND DIE BEWIESEN NEBST DURCHHALTEVERMÖGEN
AUCH JEDE MENGE HUMOR.

DIE LUSTIGSTEN SEITEN DIESES KOCHBUCHS

Kärntner Lax'n for life: Christian Regittnig schätzt sein Lieblingsprodukt so sehr, dass er ihm beinahe ein Küsschen aufgedrückt hätte. Fotograf Helge Sommer und Richard Hessl schätzen dafür das Ritual des Knochenabnagens, und machten sich über die Reste des Hessl'schen Lamms her. Um ordnungsgemäße Resteverwertung des Ron Zacapa, den Christian Silmbroth und Team Autorin Stephanie Fuchs eingossen, musste übrigens auch nicht lange gebeten werden. Da ging das Vertauen des Bootes, mit dem Christian Gölles und seine Crew in den Millstätter See stachen, gleich viel lockerer von der Hand. Die Glatzkopf-Konkurrenz locker in die Tasche stecken übrigens auch Stefan Lastin und Helge Sommer. Haarlosigkeit war nie charmanter ...

Hans-Peter Haider pflegt seine Chilis selbst in Öl einzulegen. Eine im wahrsten Wortsinne ziemlich scharfe Methode, wie der Küchenchef höchstpersönlich vor unserer Kamera herausfinden durfte. Autorin Stephanie Fuchs hat's nicht so mit Schärfe, dafür aber mit Schimmel – im Käse, wohlgemerkt. Da kommt bei Käsegott Gottfried Bachler im „Restaurant Bachler" Freude auf. Das Glück der Erde liegt im „Weissenseerhof" tatsächlich zumeist in der Erde – und ein Spaten für die Küchencrew stets griffbereit. Wer also mal richtig den Garten rocken will, nimmt sich an Florian Klingers Team ein Beispiel. Rock 'n' Roll sieht in Hannes Müllers „Forelle" so aus: Schnapp dir das Küchenfahrzeug, im konkreten Fall eine stylishe Ape, setz deine Tochter ans Steuer und schieb das Ding den Berg hinauf zur Fotolocation. Die Vermutung, dass mit Hubert Wallner ein echter Künstler im „See Restaurant Saag" werkt, hat Wallner mit diesem Foto selbst eindrucksvoll bestätigt. Keiner kann einer Pipette so voller Grazie ihr Innerstes entlocken!

CHIMERA

ADRESSEN ALLER BETRIEBE

DAS KLEINE RESTAURANT IM WARMBADERHOF
Kadischenallee 22–24 | A-9504 Warmbad-Villach
Tel.: +43 (0) 42 42/30 01 12 83
E-Mail: restaurant.wbh@warmbad.at
www.warmbaderhof.com

DIE FORELLE
Techendorf 80 | A-9762 Weissensee
Tel.: +43 (0) 4713/35 56
E-Mail: info@dieforelle.at
www.forellemueller.at

FALKENSTEINER SCHLOSSHOTEL VELDEN
Schlosspark 1 | A-9220 Velden am Wörthersee
Tel.: +43 (0) 4274/52 000-0
E-Mail: reservation.schlossvelden@falkensteiner.com
www.falkensteiner.com/de/hotel/schloss-hotel-velden

FRIERSS FEINES HAUS
Gewerbezeile 2a | A-9500 Villach
Tel.: +43 (0) 4242/30 40 45
E-Mail: feineshaus@frierss.at
www.feines-haus.at

GOURMETSTUBE LINDENHOF
Kirchenplatz 2 | A-9544 Feld am See
Tel.: +43 (0) 4246/22 74
E-Mail: urlaub@landhotel-lindenhof.at
www.landhotel-lindenhof.at

HOTEL12
Gerlitzenstraße 55 | A-9551 Bodensdorf
Tel.: +43 (0) 42 48/29 621
E-Mail: info@hotel12.at
www.hotel12.at

HOTEL SCHLOSS SEEFELS
Töschling 1 | A-9212 Techelsberg am Wörther See
Tel.: +43 (0) 42 72/23 77
E-Mail: office@seefels.at
www.seefels.com

RESTAURANT BACHLER
Silberegger Straße 1 | A-9330 Althofen
Tel.: +43 (0) 42 62/38 35
E-Mail: restaurant@bachler.co.at
www.bachler.co.at

RESTAURANT OSCAR
St. Veiter Ring 43 | A-9020 Klagenfurt
Tel.: +43 (0) 463/50 23 00
E-Mail: oscar@a1business.at
www.oscar-restaurant.at

SCHLOSSVILLA MIRALAGO
Hauptstraße 129 | A-9210 Pörtschach a. Wörthersee
Tel.: +43 (0) 42 72/24 30
E-Mail: office@miralago.at
www.miralago.at

SEE RESTAURANT SAAG
Saag 11 | A-9212 Techelsberg am Wörthersee
Tel.: +43 (0) 42 72/43 50-1
E-Mail: office@saag-ja.at
www.saag-ja.at

SEEFISCHER
Fischerweg 1 | A-9873 Döbriach
Tel.: +43 (0) 42 46/77 12-0
E-Mail: hotel@seefischer.at
www.seefischer.at

WEISSENSEERHOF
Neusach 18 | A-9762 Weissensee
Tel.: +43 (0) 47 13/22 19
E-Mail: rezeption@weissenseerhof.at
www.weissenseerhof.at

BEREITS ERSCHIENEN

„GOURMETREISE" – DAS REISEMAGAZIN FÜR GENIESSER

Top-Storys und Reportagen von kreativen und versierten Reise-, Food- und Weinjournalisten führen Sie zu den außergewöhnlichsten Orten und geheimen Genusstempeln rund um den Globus – Insidertipps inklusive! Das und die bestechende Bildsprache machen GOURMETREISE zu dem Magazin für Reisen, Essen und Trinken.

EUR 7,00 – alle drei Monate neu am Kiosk oder als Abo!

„SALZBURG KOCHT"

Genussvolle Momentaufnahmen: 15 der angesagtesten Kochstars aus Salzburg wie Johanna Maier und Söhne, Karl und Rudi Obauer oder Andreas Döllerer gewähren einen exklusiven Blick hinter die Kulissen und präsentieren ihre Ideen und besten Rezepte.

EUR 29,90

„BERLIN KOCHT"

In Berlin geht der kulinarische Punk ab. Die herausragendsten Akteure der Berliner Genusswelten wie die 2-Sterne-Köche Hendrik Otto und Tim Raue oder Gourmet-Rocker Kolja Kleeberg servieren in diesem Buch je ein raffiniertes Menü.

EUR 29,90

„BADEN-WÜRTTEMBERG KOCHT"

Baden-Württemberg scheint dem Himmel ein gutes Stück näher zu sein als der Rest Deutschlands. Nirgendwo sonst sind die Sterne nämlich so zahlreich wie hier. Herausragende Akteure, wie 3-Sterne-Koch Harald Wohlfahrt, servieren Gerichte, die überraschen.

EUR 29,90

„HESSEN KOCHT"

Aufregend, pur und ursprünglich ist die Küche Hessens. 15 Ausnahmeköche, unter ihnen die Sterneköche Patrick Bittner, Florian Hartman und Sebastian Lühr, servieren je ein dreigängiges Menü, das so einzigartig ist wie die kreativen Köpfe, die dahinterstecken.

EUR 29,90

Alle bereits erschienenen Kochbücher der **„EDITION GOURMETREISE"** können Sie unter **WWW.ROLLINGPINMEDIA.COM/BUECHER** bestellen.

Vielen Dank an alle beteiligten Köche und Gastgeber.

Ein „GOURMETREISE-Edition"-Kochbuch der ROLLING PIN Media GmbH.
www.gourmetreise.com

Redaktionell verantwortlich für den Inhalt: Mag. Stephanie Fuchs
Autorin: Mag. Stephanie Fuchs
Layout: Ulla Müller, Lisa Rabl
Fotografie: Helge O. Sommer/www.sommer-art.at
Weitere Fotos im Innenteil: beigestellt
Druck: Niederösterreichisches Pressehaus
printed in Austria
ISBN 978-3-9503065-7-6
www.gourmetreise.com